去泰國玩節慶

文化體驗×交通指引×食宿旅規劃，
微笑國度一年12個月都有主題慶典可以玩！

蘊含慶典文化、歷史緣由、美食資訊的深度旅遊

—— 老錢

如果你也是熱愛泰國的背包客，而且太芭樂的去處對你已經沒什麼吸引力，你會開始在網路上爬文、搜尋曼谷以外的其他外府還有什麼祕境景點、夢幻海島的話，相信你們一定都看過這個部落格「瓦勒斯 Wallace」。沒有錯！這位以自己的名字為部落格名稱、超有個性的部落客就是我心目中的泰國小王子「瓦勒斯」，他的足跡幾乎踏遍了整個泰國領土，所以查詢一些外府遊記時，他的部落格總是在搜尋引擎的第一個或第二個跳出來，想不注意到都難，哈！

從瓦勒斯文章的字裡行間中除了會讓人感受滿滿的 Attitude、Attitude、Attitude 以外（因為他個人風格太強烈，所以要強調三次），另一點讓人也會留下深刻印象的就是：他這個人寫東西真的沒有在跟你馬虎的！不管介紹美食、景點、度假村的文章都「好有料」，風土民情、品牌背景、交通方式、個人觀點一樣都不少，同時兼顧了深度與輕鬆詼諧。你

在他的部落格內，絕對看不到那種類似流水帳的雞肋內容！

如今，在眾多瓦粉們的引頸期盼之下，他個人的第一本泰國旅遊書即將問世，在看過內容以後，我只能說「這本書真的太屌了！」完全跟市面上的旅遊書走不同的路線，它竟然是以「泰國每個月分的節慶」作為主題耶！書中詳細介紹了泰國十二個月分你可以到泰國的哪個地方去體驗當地最熱鬧、最歡樂的慶典，也包括了沒去過保證會捶心肝的「此生必遊三大節慶」。而且不僅是節慶的典故，瓦勒斯藉由自己的親身探訪（玩樂），還將舉辦慶典的城市的歷史故事、當地厲害的景點、值得一嚐的特色美食都幫大家一併整理好了。相信，只要有這本書在手，大家就可以輕輕鬆鬆玩得很內行，而且去的地方不落俗套，深度旅遊一點都沒有難度，連我也忍不住想跟著他的腳步去那些地方感受節慶的魅力。還猶豫什麼呢？快把這本嗨翻天又難得一見的好書給帶回家吧！

為自己規劃一個
前所未有的泰國之旅

——輔大猴

瓦勒斯和我是同班同學，所以這本書買就對了！哈哈哈哈……我不是在開玩笑的，早在他當年遠赴東南亞工作之餘開始攥文寫旅遊部落格的時候，我就已經是他的粉絲了。

這樣說一點也不矯情，因為泰國不管在距離、消費水平、可玩性、歷史景點等等都吸引我之外，泰國在藝術創作的繽紛性和包容性，以及各種相關國際展覽的精彩程度，才是真正讓人嚮往的主因。我甚至跟瓦勒斯研究過每年幾月是設計展、幾月又是漫畫博覽會等等。無奈，在我有幸隻身旅遊許多國家的經驗下，還未自行規劃前往魅力泰國，就先生了個兒子（泣），瓦勒斯的遊記從此對我來說，從「此生也要照這樣玩一遍」變成「此生不知道夠不夠幸運可以照這樣玩一遍」了。

但是，我必須要說的是，在看完這本書之後，又讓我重燃一線希望！

有別於部落格上的遊記寫法，瓦勒斯在這本書中所呈現的內容，景點介紹、私房攻略、精彩見解依舊，而且又多了一層針對各種不同族群或不同目的的旅行者所需要的資訊，連闔家出遊的內容都有，看來作者是完全屈服在商業考量……呃！不是，看來作者是完全針對我這種又懶又語言不通，心中想要自己去一探泰國，但只能想想，現實中還是得規劃全家出遊的懶人讀者一大體貼（跪拜）。

瓦勒斯的旅遊書內許多詳細的交通、住宿、美食資訊固然可以幫助到許多讀者，但最重要的是，你可以從這本書看到有別於其他的旅遊書，真真正正的從一個在泰國生活多年玩家的文筆中、照片中、資料中和各式各樣各地的慶典中去體會跟別人不同的泰國旅遊。希望每位看完這本書的你都能有個動機，再為自己規劃一個前所未有的旅程。

玩節慶，認識泰國最美好的方式

要在地生活多久，才能夠認識泰國，五年、十年還是二十年？我的答案會是一輩子。泰國是唯一沒有被西方強權殖民統治過的東南亞國家，歷史文化的深、廣度與影響範圍，超乎想像。身為旅人，要如何深入認識微笑國度，而非匆匆一瞥，走馬看花的飄過？我想，跟著節慶玩泰國是最好的方法。

泰國是節慶王國，每個府都有最具代表性的慶典活動，可以讓你在短短的一至三天，甚至一週期間，遇見一個府城、小鎮的燦爛輝煌、熱情瘋狂與魔幻醉心的模樣，累積幾世紀的人文璀璨，都濃縮在節慶與祭典儀式當中，完美呈現在眾人面前。

蠟燭節遊行，見證工匠技術與嶄新創意交織的藝術之巔；宋干水戰的笑聲、尖叫聲與鄉村樂音此起彼落，泰式魅力讓人念念不忘；清邁憶萍天燈節，目睹萬盞天燈冉冉升空，頓時讓人勇氣滿載。節慶也是探索美食的聖地，我曾在海拔最高的森林市集，嚐到蘭納宮廷料理；九皇勝會齋節市集，吃到素菜版本的泰式炒河粉；泰東北的每個慶典，總有綿延數公里的夜市攤家，滿街銅板美食等著旅人前去挑戰味蕾與肚量。玩節慶，絕對是認識泰國最美好的方式。

理由 1
瘋節慶，泰國體驗旅行的極致

　　我喜歡的旅行，在於接地氣的「體驗」，逼自己彈出日常舒適小圈圈，拓展視野，認識世界。節慶體驗，綜括自然探索與人文知性，像是搭乘小舢舨遨遊紅蓮花海、泰北山林樹梢玩溜索，或著參加工作坊，挽起衣袖做風箏、水燈與採龍眼。體驗節慶的終極版本，是成為節慶的一分子，加入火箭節街頭派對學習跳東北舞蹈、湄公河岸吃流水席看火船巡遊；擠入大山音樂節的萬人舞台前，聽著暖心Bodyslam，微笑的落下眼淚。

　　瘋節慶，是體驗旅行的極致，人人都是最棒的體驗師。

理由 2
探索神祕與獨一無二的期間限定

　　如果你是見到「地區限定」、「一年一度」或「此生必訪」等浮誇又殘酷的字眼，就會心癢癢的人，那麼跟著節慶玩泰國實在太適合你了。節慶都是年度限定，其中黎（府）鬼面具節不只是地區限定，日期還由長老巫師通靈，與祖靈溝通後才決定，是泰國最神祕的節慶嘉年華。至於什麼節慶是此生必訪？我想還是被全球旅遊書捧上了天，一輩子至少體驗一次的萬人天燈祈福晚會，親眼見到天燈齊放的景色當下，內心暖暖的，眼眶濕濕的。門票不便宜，但是經驗無價，隨便一張照片 Post 到社群媒體，都可輕鬆換來幾百個、幾千個讚，這就是「限定」二字最誘人的地方。

理由 3

充滿正向能量，勇氣滿滿面對挑戰

　　搖曳火光點綴的夜祭典，總讓人充滿力量，天燈、水燈齊放的水燈節堪稱最經典；融合時代創意的火船節，點了萬盞油燈的火船在湄公河火船節巡遊，也有異曲同工之妙。九皇齋節送神之夜的炸轎酬神，鞭炮碎屑鋪成的紅地毯綿延數公里，我們不是抬轎之人，也能踩著紅毯追隨送神路線走

到盡頭，終點沙灘上的烈焰是結束也是全新開始，見到火光的那一刻，感覺能量再度被灌滿，有力氣面對未來的挑戰。

理由 4

親子旅行，大人小孩玩得不亦樂乎

　　泰國人喜歡小孩子，帶小孩參加節慶，讓你從搭機、入境、乘捷運、逛街購物，都感受到泰國人的加倍疼愛，挑選適合的節慶參加，享受親子

們的旅遊時光。親子旅行首推華欣七岩的國際風箏節，見到滿天風箏，不只小朋友開心，大人們也找回童心。華欣七岩有眾多親子度假村任君挑選，節慶期間，大人更能適度放鬆，闔家滿足。或著來到泰北，離清邁一小時車城的南奔參加龍眼節，大啖龍眼料理，攜家帶着參加龍眼農場採收之旅，大自然就是最棒的教科書。

來來來，先來認識泰曆吧！

　　追節慶的第一件事情，要先認識何謂泰曆。泰國憲法雖未制定佛教為國教，並有法律保障人民宗教自由，但是法律規定國王必須是上部座佛教的佛教徒，加上全國近百分之九十五的人口都是佛教徒，使得傳統節慶，都與佛教有著深刻關係。泰國曆法，更是採用佛曆計日。

　　泰曆以釋迦牟尼佛祖涅槃之日（佛滅日）為起始元年，也就是西元前的 543 年。因此西曆與泰曆的換算方式，為西曆年數加上 543 等於泰曆年數。例如西元 2019 年，即為泰曆 2562 年。隨著泰曆循環的節慶日期，每年都會變動，但是宋干節是個大例外，政府規定西元四月十三日至十五日為宋干節，此舉也讓全球旅人方便訂機票與飯店。

根據泰曆日期而定的泰國節慶

泰 國 節 慶		泰曆／佛曆
萬佛節	（วันมาฆบูชา；Wan Magha Puja）	三月十五日
衛塞節	（วันวิสาขบูชา；Wan Wisakha Bucha）	六月十五日
三寶佛節	（วันอาสาฬหบูชา；Wan Asanha Bucha）	八月十五日
入夏節	（วันเข้าพรรษา；Wan Khao Phansa）	八月十六日
解夏節	（วันออกพรรษา；Wan Ork Phansa）	十一月十五日
水燈節	（วันลอยกระทง；Wan Loy Krathong）	十二月十五日

節慶訊息相關網站

　　尋找節慶資訊，第一個推薦網站是泰國旅遊局（Tourism Authority of Thailand；縮寫 TAT）。網站擁有多國語言連結，其中以泰文版本更新最快，再來是英文版，至於臺灣、香港與中國的三大中文版本，則僅是基本介紹，對於要求即時的節慶訊息，沒什麼參考性。

　　第二個網站是 Richard Barrow（ริชาร์ด แบร์โรว์）的泰國節慶指南，Richard 是一位在泰國久居二十多年的英國部落客，對於泰國資訊分享的貢獻，可是被寂寞星球大力背書的。第三是泰國節慶的官方臉書，國內大小活動，都會藉由這個平台轉發資訊，是我相當重要的資訊來源。

　　對我來說，泰北十七府是特別迷人的區域；曾經是蘭納王國疆域，有著自己的方言與獨特節慶文化。推薦兩個在清邁生活臺灣人的臉書專頁，「女子@清邁」與「來趣.THAI 北」，在地生活觀點出發，將值得傳達給眾人的泰北節慶資訊，中文化分享給喜歡泰國的華人旅人。

泰國旅遊局：https://www.tourismthailand.org
Richard Barrow Thailand Festival Guide：http://www.thaifestivalblogs.com
泰國節慶官方臉書：ThailandFestival
女子@清邁：twinchiangmai
來趣.THAI 北：FUNTHAINorth

理由 5

敞開心胸參與，玩得不亦樂乎

最後，我要分享一段日常對話。三寶佛節的夜晚，有著同樣在健身房揮汗跳 Bodyjam 的曼谷日常。結束後與友人相約，一起去寺廟巡燭祈福（เวียนเทียน；Wian Tian）。朋友邀約巡燭，代表大家的關係夠密切。我們來到暹羅百麗宮（Siam Paragon）旁的巴吞哇那南寺（วัดปทุมวนาราม；Wat Pathum Wanaram），晚上九點進入寺廟，並不是個很尋常的時段，卻是人聲鼎沸。手持蠟燭、香及蓮花一朵的我們，加入巡燭人群，一起繞行佛塔三圈，大殿內僧侶們的誦經聲，從音響傳出，陪伴祈福的信眾。

邀請巡燭的泰國朋友，從小在泰南三府之一的惹拉（ยะลา；Yala）長大，是一位穆斯林。簡單的巡燭結束後，我們對話如下。

「你不是穆斯林嗎？怎麼會帶我們來巡燭？」

「因為我要把照片放在 IG 上啊！況且，我們穆斯林也是過潑水節、放水燈的啊！」

「可是，巡燭是在寺廟裡面，而你是清真寺掛⋯⋯」

「無論潑水、放水燈還是巡燭，都是泰國文化，與信仰並不互相違背。所以，別再用那種似乎我做錯事的表情看我了啦！」

今晚的我，似乎多了解一些事情。

源自傳統佛教的宗教儀式，經過數個世紀的演變，也擁有多面向的詮釋。潑水祝福是佛教祈福儀式，也是萬人電音狂歡派對的主題。鬼面具節是感謝祖靈的功德大法會，也是邊境小鎮的面具嘉年華會。帶著全場冥想的萬人天燈祈福晚會，壓軸天燈施放的噱頭，卻成了吸引全球遊客於水燈節造訪清邁的誘因。**節慶文化是對土地與傳統的認同，無關宗教信仰、性別與年齡，只要敞開心胸，人人都可以跟著節慶玩泰國，玩得不亦樂乎。**

目錄 CONTENTS

附錄

清萊 Chiang Rai

清邁 Chiang Mai
南奔 Lamphun

黎 Loei
烏隆 Udon Thani
那空帕農 Nakhon Phanom

素可泰 Sukhothai

益梭通 Yasothon

呵叻 Korat
烏汶 Ubon Ratchathani

大城 Ayutthaya

曼谷 Bangkok

七岩 Cha Am

華欣 Hua Hin

普吉 Phuket

泰國全圖

面積 513,120 平方公里／約 14 個台灣
共 76 個府，以及 1 個直轄市（曼谷）

必遊節慶 ①

曼谷・宋干節
Songkran Festival Bangkok

此生必訪的泰國節慶！

「泰國這麼大、節慶這麼多，假如只挑一個，哪個是此生必訪？」在為諸君手捧的節慶書企劃初期，編輯大人突然丟出這個問題，有種綜藝節目快問快答的感覺。殊不知，我回答不加思索「拜託，當然是宋干啊！」

四月十三至十五日是泰國新年，泰國人稱做宋干（สงกรานต์；Songkran），也就是我們俗稱的潑水節。迎接新年方式，會到寺廟奉獻祈福，堆沙塔、插旗獻鮮花，祈求新一年五穀豐登、六畜興旺。踏出寺院，即開始以清水向眾人潑灑，迎接新年到來。宋干節是我第一個親身參與的泰國節慶，也私心認為，宋干是最能代表微笑之國的節日，她以祈福感恩為底蘊，狂喜歡樂的潑水當做媒介，傳達烏托邦世界的想像。

宋干時節，量販店內堆積成山的浴佛香水與抹臉白粉末，供民眾購買

澆水是祝福，潑水更是大大的祝福

　　泰國人相信，水為萬物之源，能夠洗淨晦氣；「澆水」是種「祝福的動作」，在泰式婚禮與寺院的祈福儀式當中都能見到。婚禮後段，賓客捧著盛滿清水的海螺殼，輕輕緩緩的將水澆在兩位新人的手上，口中不忘獻上祝福。僧人誦經後，以木枝沾著銀碗中的清水，大力灑在信眾身上，這些都是祝福。

　　泰國節氣當中，以四月最為炎熱，氣溫飆破四十度可說是家常便飯。人們也就自然而然的將「澆水」、「灑水」的溫柔動作，加量、升級成熱情版本的「潑水」活動。時間一久，容器也跟著進化，改為水槍、水管與水桶，甚至在清水中加入冰塊，求得清涼暢快。泰國人藉著「潑水」來「過年」，以跨越炎熱四月天，也將過去一年的壞心情、不太好的運氣通通洗淨，祈求新一年有煥然一新的新開始。潑水節時，每人身上的水越多，代表收到的祝福也就越多。

席隆路潑水戰場，一年比一年還要人擠人啊

亞洲最大的潑水嘉年華：曼谷三大水戰區與宋干音樂節

直接出動消防車來潑水！

宋干新年是泰國整年當中最長的假期，大部分的外地遊子會把握機會返鄉與親友團聚。各大府城必定策劃大型活動，封街搭建舞台並廣邀歌手演出，人聲鼎沸的鬧市更是不會少。宋干節的規模、花樣與地方特色，成為府城之間的一種較勁。

其中活動花樣最多、規模最大，更是最瘋狂的潑水狂歡之城，當然非曼谷莫屬。每年官方會封閉部分席隆路（ถนนสีลม；Silom Rd）與整條考山路（ถนนข้าวสาร；Khao San Rd）舉辦潑水狂歡，熱鬧程度媲美世界上的任何一個嘉年華會。天使之城從早嗨到深夜，任何一個敢玩、敢秀的人，潑水節就是最大舞台。每年除了官方舉辦的活動，還有廣邀世界知名 DJ 參與的宋干音樂節（S2O Songkran Music Festival）也在這期間舉辦，讓曼谷如同眾星拱月般的精彩，鄰近擁有相同潑水習俗的國家，緬甸、寮國與柬埔寨等國家的首都大城，也無法與之相比。

潑水節戰區就是遊行大舞台

席隆路漢堡王是每年玩水攻堅的重點

席隆戰區：曼谷最經典的水戰場

　　席隆路位於曼谷商業區的心臟，從早到晚都是車潮湧濟，也只有宋干期間，才能見到道路淨空的樣子。封街路段從倫披尼公園（Lumphini Park）斜對角的地鐵 MRT Silom 站出口開始，順著席隆路往西，經空鐵 BTS Sala Daeng，一直到下一站的 Chong Nonsi 結束，全長一公里。

　　約莫十一點左右，人潮開始往席隆集結。想像一下，六線道大條馬路，最外側與中央安全島兩邊都是攤販，只是賣的不是小吃，而是「玩水必勝裝備」，舉凡各式水槍、水桶與護目鏡、抹臉用的痱子粉及水戰彈藥補充。彈藥可不只是清水這麼簡單，而是冰鎮過的水，任何一個被冰水潑到的人，必定狼狽的驚聲尖叫。不怕水濺的罐裝飲料，幾乎每攤都能買到，啤酒更是絕不斷貨的暢銷商品。肚子餓了，

17

只要往騎樓內走，就能找到道地的銅板美食，米粉湯、雞肉飯、烤豬肉串，應有盡有。

席隆路從頭走到尾，你會發現耳邊音樂不曾間斷。不僅主辦單位架設大型音響，騎樓店家、巷內酒吧，也將音響搬到馬路上，安全島上賣水槍的老闆，更是隨著心愛的音樂搖擺。戰場處處水花飛濺，根本不知道是誰潑了誰，也不管對面的人認不認識，面帶微笑潑過去就對了。如果覺得對方可愛，更是可以直接在對方臉上輕抹象徵祝福的粉末。如果是外國人臉孔一定會被泰國人狂抹，放開心胸就對了！任何一個全身濕漉漉，或身上抹著粉末的人，臉上必定掛滿微笑。現場佈滿歡笑聲、叫喊聲、被冷水攻擊的尖叫聲、人喝嗨之後的破音歌聲，與低音喇叭的電音舞曲次動次動次聲交織成一片，這就是泰式的嘉年華會，水是重要媒介，打破人與人之間的疆界。

曼谷一直是對於 LGBTQ 族群最包容接納的東南亞城市，沒有之一。席隆路 2 巷與 4 巷原本是同志夜店區，潑水節當天，這些平日只在夜晚開業的酒吧，紛紛自掏腰包將重低音喇叭搬到巷口，陪伴眾人一起從白天嗨到晚上。漢堡王前面，可見同志們精心打扮，在街上跳起群舞，氣勢宛如同志遊行，周圍人群無論男女老幼的歡呼響應，體現了天使之城對於多元文化的兼容並蓄。

席隆街頭的泡沫趴

大型量販店、路邊，均可見各式水槍軍火

消防車對著天橋噴水

席隆戰區的交通接駁最方便

曼谷三大戰區，以席隆場地最大且交通方便。封街長達一公里，橫跨地鐵與空鐵共三個捷運站，是可輕鬆進退的水戰場。捷運站與購物中心皆明文禁止潑水活動，地鐵 Silom 與空鐵 Sala Daeng 站之間有個懸空於戰場之上的空橋相連，橋上正是觀賞瘋狂水戰的最佳地點。任何想親臨會場，卻不願意濕身的人，可站在空橋享受居高臨下的優越感。但還是有例外，我就見過一次，戰區內的消防車（不要懷疑，是主辦單位請來的）以消防水管對天橋上圍觀群眾噴水，這招實在太狂、太天馬行空，人群立刻瘋狂拍手叫好。同樣與 Sala Daeng 站有空橋相連的還有購物中心 Silom Complex，幾個小時的水戰之後，想找個乾爽地方坐下來，喝點下午茶暖暖身子之類的，Silom Complex 是最佳選擇。

考山戰區： 全城最失控的水樂園

　　平日是風情萬種的步行街，有著兜售炸蠍子的小販、專業製作假身分證的攤家、販賣廉價 T Shirt 卻能以十種語言叫賣的精明老闆，考山路是背包旅人所期待的旅程第一站。宋干節假期，雙線道的考山路，直接變成五百公尺長的水上樂園。

　　泰國人潑水，多少帶些靦腆與傳統禮數，不過這個時間若是到了考山路，全場變成近半醉的歐美人士時，水戰態勢就轉變了，變得更加瘋狂、失控，也絕對不會手下留情！潑水派對也就理所當然的變成月圓派對的城

巷弄也是瘋狂水戰區

市版本，體格健壯的旅人袒胸露背、三點式比基尼都成特色，這些是其他戰區不能見到的場面，在考山戰區可是一覽無疑。

　　考山區域沒有所謂的包袱，反而吸引贊助廠商設點。這裡能見到冠名的電信公司、飲料商的泡沫製造機，以及人造雨林之類的玩水設備，呈現出一種百花齊放的歡樂感受。不過這裡沒有捷運線經過，交通相對不便些，在這裡玩水的人，大部分都住在周邊小酒店與青年旅館。由於水一潑就是一整天，對於專程來到考山路的人來說，也因為交通關係，加上地小人稠且封閉，考山戰區的人潮，甚至比席隆更加擁擠。玩水之餘更能讓雙眼大吃冰淇淋，天啊！一定要來的。

CentralWorld 戰區： 水樂園中的大型演唱會

　　做為泰國零售百貨業的龍頭，各府城的尚泰（Central）購物中心都會在宋干節舉辦大型活動，曼谷 CentralWorld 是全國最大的一間，氣勢不能輸。CentralWorld 前廣場可見大型舞台，邀請泰國知名歌手與樂團

上臺獻唱。既然是潑水節，臺上唱歌，臺下就是水戰、泡沫趴，這裡也是曼谷戰區當中，唯一有演唱會可以看的。

　　三個戰區當中，CentralWorld 為最初階版本，參與的泰國人較多，潑水也較溫柔。場地與購物中心相連，只要進入購物中心就是乾爽舒適，並有非常多的廁所可以使用。CentralWorld 也有空橋與空鐵 BTS Siam 站相連，交通方便。

宋干音樂節：泰國年度最大的電音派對

　　S20 宋干音樂節（S2O Songkran Music Festival）從 2015 年開始舉辦，配合潑水節慶主題，廣邀世界百大 DJ，Afrojack、Deadmau5、Kaskade 與 DJ Snake 都在打碟名單之列。短短四年，S20 宋干音樂節已成為泰國年度的最大電音派對。

　　舞台造型前衛，不只噴射煙火還會一直噴水，無數水柱配合音樂從四面八方襲來。與比利時的明日世界電子音樂節（Tomorrowland）一樣，場內舞客來自世界各地，帶著自己國家的旗幟參加，與潑水節內含的烏托邦理念呼應著。既然是泰國辦的音樂節，內有一大區的美食攤商，並邀請特色餐車進駐，可不會讓舞客們餓到肚子。活動場地靠近 RCA 夜店區，親民票價吸納了在地的舞客人潮，可想而知，潑水節夜晚最燦爛的地方，就是這裡！

官方網頁：http://www.s2ofestival.com/

四面楚歌啊……

超嗨又有泰味的潑水節濕身派對

玩水必勝 · 注意事項

1 · 日期

旅行勢必要提早計畫，安排休假與訂購機票、飯店。不像大部分的泰國節慶是根據泰曆變動，宋干節的日期，是由泰國直接政府公佈，為每年四月的十三、十四至十五日共三天。只是休假天數會因遇到週末而增加，像 2019 年的宋干假期，就長達五天。幾個不想讓曼谷專美於前的旅遊大城，就會刻意拉長潑水活動時間，像清邁會提早兩天舉辦，芭達雅則是最晚結束的城市，一直到十八日都還在玩水。

2 · 食物

曼谷是美食天堂，即使宋干也不用擔心餓肚子。但是別忘了，這三天是泰國新年，在曼谷工作的外地遊子會返鄉與親友過節，所以夜市攤家勢必減少，餐廳也會調整營業時間，甚至公告店休。購物中心內的餐廳則例外，還是維持正常營運，只是人手缺乏，可能點餐、上菜都會變慢，請大家將心比心喔！如果有想專程前往的特色餐廳，別忘了先上臉書或官網查詢營業時間，同時訂位。

3 · 衣著

建議穿著舊衣服、短褲、涼鞋或拖鞋，甚至是穿完就丟的舊球鞋，女生則要小心曝光。務必攜帶防水袋，裝好足夠的小額現金與捷運卡，捷運卡也要儲好足夠的金額，省去使用現金的機會。護照證件、信用卡與大筆現金，建議請好好鎖在酒店房間的保險櫃裡。

4 · 交通

逢泰國新年，計程車司機勢必減少，計程車甚至會從跳錶變成漫天喊價，建議使用 Grab 叫車軟體，或是善用捷運系統。若要與友人相約某處，建議約在捷運站裡，見到朋友後再一起進入戰區。

5 · 小心扒手

一級戰區必定人潮洶湧，也會吸引偷兒前往淘金。貴重物品不要帶，手機也儘量別帶出門。怎麼說呢？帶手機出門，掛在胸前防水袋中當然很潮，可是小偷只要剪斷脖子上的繩子，用手一抽，手機就找不回來。再者，大家都在玩水，哪有空陪你滑手機啊？

前往交通

潑水節交通移動

三大戰區以席隆和 CentralWorld 的交通移動最為方便，可分別利用地鐵與空鐵接駁，比較有難度的是考山戰區。最不用思考的方法，當然是直接搭計程車或 Grab 到考山周邊，再走進去。只是啊⋯⋯新年時的計程車變少、客串 Grab 的司機也不多，經濟實惠的交通船，正是此時的最佳交通工具。

昭披耶河交通船

搭乘空鐵 BTS 來到 Saphan Taksin 站，即可在 Sathorn（Central）碼頭轉乘昭披耶河交通船（Chao Phraya Express Boat），前往編號 N13 的 Phra Athit 渡船碼頭，步行十

昭披耶河交通船

分鐘抵達考山。宋干節時，碼頭外就已經是戰場的一部分，還沒走到主戰場就已全身濕透。

空盛桑運河交通船

可從與地鐵 MRT Phetchaburi 站相連的 Asok 渡船碼頭，或是位於 CentralWorld 斜前方的 Pratunam 碼

頭，搭乘空盛桑運河交通船（Khlong Saen Saep Express Boat）。搭乘至最後一站 Panfa Leelard 碼頭，即可見到金山寺，這裡已經是舊城區。順著拉差丹儂大道（ถนนราชดำเนิน；Ratchadamnoen Rd.）往西走十五分鐘，即抵達考山路。當然也能在路邊攔 Tuk Tuk 車，車程十分鐘抵達。

可前往舊城區的空盛桑運河交通船

交通最便捷的席隆戰區

潑水節住宿推薦

席隆戰區

挑選潑水節住宿，務必遵守一個要點，就是「離捷運站越近越好」。捷運站禁止潑水，進入車站的乘客必須將水槍中的水倒乾淨，才能進站。離捷運站越近，越能保證身體乾燥，畢竟全身濕透搭乘如同冰庫的曼谷捷運，也是會著涼的。

曼谷索菲特特色酒店（SO Sofitel Bangkok）

法國雅高（AccorHotels）的奢華酒店品牌索菲特（Sofitel），目前全球僅四間 SO Sofitel 系列，泰國就佔兩間，分別位於曼谷與七岩。曼谷索菲特特色酒店緊鄰地鐵 MRT Lumpini 車站，戰區席隆近在咫尺。四種噱頭房型代表不同的驚喜，比婚宴澎湃的 Red Oven 早餐，為曼谷酒店設下高門

曼谷索菲特特色酒店的泳池，是我私心最愛的曼谷泳池

只比公園綠林高一點的泳池高度，讓綠色成為眼前唯一景致

檻。面對公園且長達 32 公尺無邊際泳池宛如城市綠洲，潑水節週末舉辦 SO Pool Party，當日住客可免費入場，包含調酒一杯。入住曼谷索菲特特色酒店，已成為曼谷潑水節體驗的一部分。基本房型從 5,800 銖起跳。

官方網頁：http://www.so-sofitel-bangkok.com/
官方臉書：SOSofitelBangkok

曼谷沙通智選假日酒店（Holiday Inn Express Bangkok Sathorn）

隸屬洲際酒店集團（IHG）的曼谷沙通智選假日酒店，距離空鐵 BTS Chong Nonsi 只有一分鐘腳程，位置極佳。這裡算是席隆戰區尾端，與 Sala Daeng 相較起來，比較沒那麼瘋狂，玩水也玩的冷靜些。酒店光亮鮮明帶著活潑氣息，不同於商務酒店的無趣模樣，基本房型每晚 2,200 銖起跳，包含早餐。

官方網頁：https://www.ihg.com/holidayinnexpress/hotels/us/en/bangkok/bkkbt/hoteldetail
官方臉書：HolidayInnExpressBangkokSathorn

庫貝旅舍（The Cube Hostel）

如果直接住在戰區裡呢？庫貝旅舍是間膠囊旅館，室內裝潢採大量的黑白色系交錯與大理石拼貼，風格依舊時尚。距離空鐵 BTS Sala Daeng 與地鐵 MRT Silom 站，都只要三分鐘步行時間。這個區域是戰區起點，永遠都是砲火（當然是水槍）猛烈的樣子，踏出旅館就保證濕身。每床每晚 400 銖起，沒附早餐，不過周邊滿滿的美食攤家，走一分鐘可抵達 Silom Complex，許多提供早午餐的連鎖餐廳任君挑選。

官方網頁：https://www.thecubehostel.com/
官方臉書：thecubehostel

考山戰區

其實我不建議直接住在考山路裡面，原因有三。第一是，考山路周邊將封街至少四天三夜，進出只能靠步行。第二是睡眠品質，考山的玩法是加倍瘋狂的夜夜笙歌，深夜不停歇，電音狂傲如月圓派對，勢必影響睡眠作息。第三是考山區域沒有捷運，大眾運輸只有交通船與公車，所以住得離碼頭近一些，將方便行程間的接駁。

再度旅舍（Once Again Hostel）

事務所改建的再度旅舍，保留老建築的粗獷泥牆，斑駁痕跡在鎢絲吊燈的照耀下，突顯出溫馨恬然氛圍。每床 420 銖起跳，包含簡單早餐。青旅被美食包圍，巷口有遠近馳名的鬼門炒麵（Thip Samai Pad Thai），以及 2018 年曼谷米其林指南獲得一星的痣姐餐廳（Raan Jay Fai）；後者更是獲選的星級餐廳當中，唯一的快炒店。

再度旅舍離考山戰區約十五分鐘

腳程，離交通船的 Panfa Leelard 碼頭相當近，方便戰區間的轉換。

潑水節三天都待在考山路也是會膩的，此時你只需要搭上交通船到 Asok 碼頭，轉乘地鐵 MRT Phetchaburi，十分鐘後就到席隆戰區，踏出捷運站，立刻再度開戰。

官方網頁：http://www.onceagainhostel.com/
官方臉書：onceagainhostel

入住富有特色的創意青旅也是難忘的旅行體驗

有米其林背書推薦的鬼門炒麵，只要開店就是大排長龍

盧瓦拉隆酒店（Loy La Long Hotel）

　　潑水節入住盧瓦拉隆酒店，是一種朝聖，即使酒店距離考山戰區約二十分鐘車程，沒辦法，因為電影就是這樣拍。盧瓦拉隆酒店是泰國電影《下一站說愛你》（รถไฟฟ้า มาหานะเธอ；Bangkok Traffic Love Story）的拍攝場景之一，是隱藏在中國城的七房河畔木屋，距離地鐵 MRT Hua Lamphong 或 N5 渡船碼頭 Ratchawong，約十分鐘步行時間。客廳前方的昭披耶河波光粼粼，電影劇照點綴著整面牆，這裡就是「大伯」家。雙人房 3,600 銖，位置最佳的河景房 4,900 銖，包含簡單早餐。

官方網頁：http://loylalong.com/
官方臉書：loylalong

小酒店裡面，我最喜歡的位子就是這裡

來來來！這就是傳說中的大伯家

曼谷宋干節

清邁水燈與憶萍天燈節
Chiang Mai Loy Krathong & Yee Peng Lantern Festival

最感動人心又浪漫至極的
泰國節慶

近幾年的旅遊媒體,只要把話題聊到泰國清邁,總能見到天燈佈滿夜空的壯麗影像。旅行者聖經《孤獨星球》(Lonely Planet)先將清邁評選為泰國的最佳節慶城市,再把萬人天燈晚會的照片連續兩年登上旅行指南

天燈齊放的震撼場面

封面。這是對全球旅人最強大的宣告，「水燈節到清邁放天燈」的旅遊意象，已深植人心。

我的清邁水燈節初體驗是在 2013 年，五年後，為了節慶書，又於 2018 年水燈節，再度來到清邁。這幾年間，我參加過許多撼動人心的慶典，但是，能讓淚水不只在眼眶打轉，還順勢滑落，掛在上揚嘴角邊的，就只有清邁的天燈祈福晚會有如此能耐。見證千盞天燈齊放的震撼之際，內心也能深刻感受一股不斷迴盪的衝擊力量啊！

蘭納王國與憶萍節

蘭 納 王 國（อาณาจักรล้านนา；Kingdom of Lanna，1295 ～ 1775）的強盛時期，與南邊的素可泰王國（อาณาจักรสุโขทัย；Kingdom of Sukhothai，1238 ～ 1583）、疆域最小的帕堯王國（อาณาจักรพะเยา；Kingdom of Phayao，1094 ～ 1338）締結同盟，三國互不侵犯。放水燈（ลอยกระทง；Loy Krathong）的傳統，是以素可泰為開端，因為友邦關係，水燈習俗也向外輸出，影響範圍包含現今的緬甸、寮國與中國雲南。

素可泰王國在泰曆十二月十五日過水燈節，同一天，蘭納人則慶祝憶萍節（ประเพณียี่เป็ง；Yee Peng Festival）。憶萍為蘭納文，憶（ยี่；Yee）為第二；萍（เป็ง；Yee Peng）指月圓，意指蘭納曆法的第二個月圓之夜。憶萍時節，家家戶戶在通道間點燃火光，高處懸掛彩色的憶萍燈籠（โคมยี่เป็ง；Khom Yee Peng），好讓夜裡的城也都充滿了光。人們還會到河邊施放水船，並於中午升起巨型天燈（ว่าวฮม；Waw Hom），獻給河裡與天上的眾神靈。

蘭納人施放水船儀式，有著溫暖意涵

早期的蘭納人不放水燈，而是放水船（ลอยสะเปา；Loy Sa Pao）。水船概念，跟湄公河的漂流火船類似，是個浮在水上的供桌，竹筏當底，以鮮花裝飾成像船的模樣，再盛裝能長久保存的糧食、鮮果、衣物與日常用品，最後擺入燭火與線香。月圓夜，施放水船順流而下，感謝河水與神靈

人山人海的憶萍蘭納國際天燈節

的照顧。另一方面，若下游有受水患之苦的居民，即可從水船得到食物供應。看似單純獻靈的水船儀式，卻也包含佈施與助人的功能，讓人覺得好溫暖。

　　需要多人操作，灌入熱空氣才能升空的巨型天燈，也有人戲稱做「蘭納熱氣球」，現今已不常見。近二十年來，在憶萍節所施放的天燈，改為簡易版的孔明天燈（โคมลอย；Khom Loy）。這是利用米紙、竹圈黏成燈體，以煤油與食用油混合並浸潤蕊心，打火機就能點燃，並順利放飛。

憶萍蘭納國際天燈節

　　由於未燃燒完全就落下的天燈，有引發火災的疑慮。所以放天燈，就要集中、限定時間，而且要在離古城越遠越好的山區裡面放，因此有了憶萍蘭納國際天燈節（Yee Peng Lanna International Festival）。

　　選擇在水燈節正日舉辦的天

燈節，地點位在湄舟大學（Maejo University）裡的佛教中心。天燈施放前，會有百位僧侶齊聲誦念，帶領會眾冥想。雖然稱做天燈節，卻是一場溫暖又充滿力量的佛教祈福大法會。在主持人以祥和聲音帶領全場倒數「五四三二一」之後，數千盞天燈便冉冉升起。這時歡呼、尖叫聲四起，擁抱的擁抱，拭淚的拭淚，人們久久無法平復。如此震撼的景色，一輩子要體驗過一次。

幸運的我們，在 2013 年參加到免費場次，只要張羅好交通接駁即可。當天與會者人山人海，場地周邊山路狹窄，進場退場都是煎熬，有人甚至走了一個小時的山路，才攔到車子返回古城。隔年開始，主辦單位 Duang Tawan Santiparb Foundation 決定以價制量，免費場次從此成絕響。雖然近兩年出現好幾個由不同單位舉辦的天燈施放活動，以低票價搶客，但我還是覺得在佛教中心施放天燈，最有味道。

想前往，購票可上 KKDay，水燈節前兩個月開始售票，票價包含門票、酒店接送與簡單晚餐，並贈送每人一盞天燈。

如果覺得天燈節票價不夠親切，沒關係！天燈節只是眾多活動的其中一項，古城內外還有許多精彩祭典同時舉行，也讓仙氣盎然的世紀古都，在水燈節期間充滿了各種色彩。不論是舊城巷弄、新城大道、萍河水，甚至夜空，都無比精彩。

KKDay：https://www.kkday.com

寫著「臺灣，國泰民安」的天燈

三王紀念碑前蠟燭舞祭典

古城中央三王紀念碑的設立，是要感念君王合盟，讓蘭納文化免去戰亂紛擾，得以繁衍並流傳。憶萍節開幕典禮，都是在三王紀念碑前舉行，會封閉兩個路口，讓五百位跨越年齡層的舞者們，同時跳著蘭納蠟燭舞獻祭三王。

三王紀念碑

水燈節花車巡遊

遊行以塔佩門為起點，順著河岸往北，終點為清邁市政廳。圍觀群眾擠爆馬路，隊伍前進速度極慢，兩公里路線，可以走四個多小時，直到深夜。我發誓，清邁水燈節的花車設計浮誇程度是全國之最，多多少少跟這個城市的獨特美感與無限創意有關。栩栩如生的神話人物與神獸，還有清邁大學的猛男美女穿插其中，有質感、有內涵，還有很多鮮肉的花車巡遊，千萬不能錯過。

花車巡遊的提燈少女

栩栩如生的神話人物與神獸

還有清邁大學的猛男美女穿插其中

潘道寺燭光點燈與天燈的祈福儀式

城外遊行繼續走著，此時，古城中的潘道寺正在舉行誦經祈福。我們捧著貼上自己名字的燭火走入燈海，跟著師父們的誦經之聲，許下願望，頓時覺得自己充滿力量。誦經結束，是放天燈儀式。天燈，並沒有放上天，而是以風箏線綁著。住持用泰文與英文這樣說著：「我們響應環保，天燈用線綁著，是為了讓大家拍下美麗的照片，僅此而已」是的！整個古城都不能放天燈，只有古城東邊的九寶橋或鐵橋，與收費的天燈節才能放天燈。

潘道寺燭光點燈與天燈祈福儀式

萍河畔放水燈

雖然有水的地方就能放水燈,許多酒店也會開放泳池,讓住客放水燈。不過我真心覺得,放水燈就是要在流動的河道放,能親眼見到水燈帶著冤親債主順水流走,才有感覺。在萍河邊跟泰國人一起放水燈,觀察他們的放水燈 SOP,你就會知道,放水燈真的是一件年度大事啊!臨時拔頭髮或咬指甲的場面逗趣(根據傳統,水燈內要放入一枚硬幣,與自己的頭髮或指甲),當泰國人把香燭點燃後,切換成認真許願的表情,這股水燈節特有的溫暖,感染眾人。

萍河畔放水燈

手持水燈、裝扮古典的泰國人

九寶橋上放天燈

　　順著花車遊行路線，老遠就能見到無數天燈，不斷的從九寶橋（สะพานนวรัฐ；Nawarat Bridge）上升空。水燈節的連續三個晚上，整座橋都會封閉，讓大家暢快的放天燈。來到橋上，順利放完自己的天燈之後，協助陌生人放天燈，也是很有趣的事，畢竟許多歐美旅人，是這輩子第一次放天燈，我真的看到有人的手在抖啊！

　　任何一盞天燈順利升空，就會得到旁人的驚嘆與掌聲。如果放手後飛不起來，沒關係，立刻有人協助將天燈壓在地上，待熱空氣充滿後順利放飛，又是一陣歡呼。原來放天燈，可以讓人與人之間放下無形的高牆，蘭納祖先們如果知道了，應該是會微笑的。

放天燈也是需要練習的，真的！

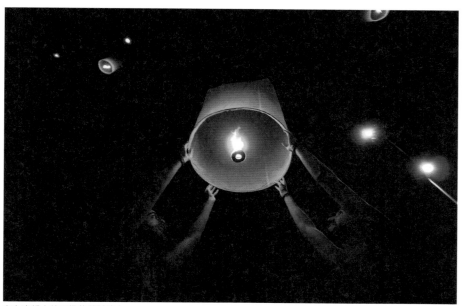

在九寶橋上放天燈的歐美旅人

曼谷出發前往清邁

飛機

營運曼谷—清邁航線的航空公司達七家，航線競爭，班次頻繁，票價彈性也就大，廉航單程價格從九百銖至兩千銖不等，提供完整服務的三大航空公司票價則一千八百銖起跳，一樣是越早訂票價越便宜。有一點要特別注意，節慶時因為會大量、集體施放天燈，以飛航安全為理由，在明訂允許施放天燈的三天晚上，夜間航班會取消或減少。為了避免因航班更動導致行程上的變動，請盡量提早抵達清邁，或是預訂白天的航班。

抵達清邁機場後，可利用排班計程車前往酒店，車費 150 銖起。也可使用 Grab 叫車，只是節慶期間，使用 Grab 的旅人特別多，有可能叫不到車。最經濟的進城方式，推薦搭乘 RTC Chiangmai Smart Bus，從出境大廳的一號門往外走，順著指標就能見到巴士站，途經 Maya 商圈、塔佩門等區域，費用每人每趟只要 20 銖，可使用曼谷空鐵 BTS 的兔子卡付款。

火車

要體驗臥鋪火車，曼谷—清邁線是絕佳選擇。從 2016 年 11 月開始，此路線推出全新的列車，票價比舊式貴 200 銖，但是多了充電插座、閱讀燈、用餐小桌與飲料杯架，更寬敞的個人空間，睡起來也比舊式車廂舒服許多。

白天提早抵達，可見到彩色繽紛的憶萍燈籠

曼谷—清邁線每天有五個班次，只有晚上 6 點 10 分出發的 9 號車次是全新車廂，其餘班次都是舊式。9 號車次的票價，二等臥鋪的上鋪 941 銖，下鋪 1,041 銖。兩人一間的頭等臥鋪，則是上鋪 1,453 銖，下鋪 1,653 銖。預計抵達時間為隔天早上 7 點 15 分。可於鐵路局官方網站先行購票。

泰國鐵路局：http://www.railway.co.th/

長途巴士

跨夜巴士的搭乘處依舊是在老地方，曼谷北部與東北部巴士總站（Northern & Northeastern Bus Terminal）。Nakhonchai Air 提供每天十一個班次前往清邁，票價從 569 銖起。國營巴士（บขส.；Transport Co. Ltd）也有十個班次，票價從 389 銖起，約十小時車程抵達清邁巴士總站。

Nakhonchai Air
官方網頁：https://www.nakhonchaiair.com/
Transport Co. Ltd
官方網頁：http://home.transport.co.th/

清邁在地交通

除了舒適的 Grab 與冷氣不用錢的 RTC 公車，還有紅色雙條車（รถแดง；Rod Daeng）可利用。經典雙條車的是介於公車與 Tuk Tuk 之間的功能，公定價每趟 30 銖，也可以議價方式包下整台車。搭乘時，隔壁歐美旅人付了 30 銖，開口說泰文的我只被收走 20 銖，我想，這是講泰文的地主優勢吧！

地區介紹

每個人都能在清邁
找到自己喜歡的生活的樣子

清邁是個神奇的城市，總能滿足旅人的各種期待。磚瓦城牆堅守蘭納文化的起源，七百年舍利佛塔守護著人們的信仰。曾經供奉玉佛的柴迪隆寺（วัดเจดีย์หลวง；Wat Chedi Luang）斜對面，坐落著新開業的精品五星酒店。週末，寺旁馬路搖身變成見不到底的露天市集。過往是皇室成員進出的昌帕門（ประตูช้างเผือก；Pratu Chang Phueak），它的對街馬路入夜後，出現整排開到凌晨的快炒店，深夜食堂無誤。在清邁，歷史遺址與新世代的商業活動可以完美共存。

大樹下即可吃到道地泰北菜，在巷弄中喝一杯文青味濃厚的泰北咖啡，清邁是蘭納料理與 Fusion 洋食的十字路口。這裡也是手作職人的創業舞台，以創意為名的群聚效應活絡，

柴迪隆寺與正在點燃燭燈的小和尚

入夜後，昌帕門的快炒一條街

巷弄遍地創意與在地生活的激情，處處可見，更有精品藝廊、迷你也迷人的設計酒店。這座城擁有無限可能，每個人都能在清邁找到自己喜歡的生活的樣子，豐儉由人，是我喜歡清邁的原因。

綠林中的藝術璀璨：清邁當代美術館

清邁當代美術館（MAIIAM Contemporary Art Museum）是泰北第一間以當代藝術為主題的美術館，位於東南邊的手工藝之城，三甘烹（สันกำแพง；San Kamphaeng）。展場帶有草根味、新潮前衛且美不勝收。外牆是清邁最大的裝置藝術體，波浪對稱曲面貼滿鏡面磁磚，如實反映日照風景，如此設計是從寺廟建築取經而來。曲面牆尾端的下半挖空，填入透明玻璃，這間 Kampangkaew Café，咖啡店取名玻璃牆，讓你在喝咖啡之餘也享受森林光景。

除了用 Grab 代步，要來這裡，也可在瓦洛洛市場搭乘車頂寫著三甘烹的白色雙條車，費用 15 銖，車程四十分鐘。鏡子外牆實在好認，見到外牆再叫司機停車都來得及。

營業時間：10:00～18:00；咖啡館到 21:00；週二休館
門票費用：不分泰國人與外國人，一律 150 銖
官方網頁：http://www.maiiam.com/

清邁當代美術館

有機「美」食：Meena Rice Based Cuisine

　　利用當季食材、切成薄片的水果與鮮花入菜，試圖在泰式料理與健康之間找到平衡。有別於傳統泰北料理的重口味，Meena 刻意放掉味覺極端，放大美感。餐廳主打的五色有機香米飯，白色是茉莉香米，紫色為紅莓果米，紅色則是紅糙米。黃色與藍色是煮飯時刻意染上的色彩，紅花染出了黃色，藍色當然是蝶豆花的功勞。吃彩色米之前，內心莫名期待「染色的米飯應該有特別氣味吧！」結果沒有，倒是紅莓果米，口感比糙米或五穀米來得滑順許多。Meena 的美食真美，而且健康。

營業時間：10:00 ～ 17:00（不賣晚餐，固定周三店休）
官方臉書：meena.rice.based

視覺與味覺都滿足了

泰北咖哩麵：Khao Soi Mae Sai

　　這碗咖哩麵（ข้าวซอย；Khao Soi）不是清邁獨有，而是泰北區的平民美食，夜市就能吃到。咖哩麵又叫做金麵，湯底為加了椰奶的咖哩湯頭，咖哩香料是從斯里蘭卡傳入緬甸的撣邦（Shan State），曾經屬於蘭納王國的一部分。椰奶入菜的精神則是泰國中部往北傳入；黃色雞蛋麵條帶有華人影子，炸過的脆乾麵，根本是港式

泰北咖哩麵

炒麵靈魂。富有層次的小小一碗麵，講的是蘭納王國歷史，更是難得一道加入椰奶的泰北料理。上桌後搭配酸菜、碎洋蔥末與檸檬汁點綴，好吃極了！同樣是咖哩麵，每個府、每間店的做法都有所差異，有的重鹹、有的特別辣、有的椰奶下得重，除了雞肉麵，有些店家還主打牛肉或豬肉。小小一碗麵，有著大大可能，來到泰北，可千萬別錯過了，在清邁首推這家 Khao Soi Mae Sai（ข้าวซอยแม่สาย）。

營業時間：08:00 ～ 16:00（咖哩麵大約過中午就賣完了）

四色沾醬烤麵包：Gopuek Godum

緊鄰寧曼商圈，Gopuek Godum（โกเผือก โกดำ）是近年知名的早午餐咖啡店。復古木質格調的店鋪極小，上門的大多是 IG 系的拍照學子，文青感自然濃烈。販售餐點有鐵板蛋，也有越式粿雜，每桌必點的是烤麵包佐四色沾醬。沾醬以咖椰醬為基底，調成四種顏色與淡淡香氣，藍色蝶豆花、綠色茉莉香、粉紅色的甜菜頭與橘色

IG 打卡名店，早點來吃才有位置

的泰式奶茶；顏色搶戲，使得每盤上桌之後，都是相機先食。餐廳座位少，上菜通常要等十幾分鐘，店家八點開門營業，建議越早來吃越好喔！

營業時間：08:00 ～ 14:00（固定週二店休）
官方臉書：GopuekGodum

建議天數
路線安排

清邁水燈節四日遊

　　水燈節活動持續四天，四天三夜只是探索清邁的基本天數起跳，畢竟清邁是座需要時間慢慢欣賞的城。節慶活動從傍晚開始，可利用白天的時段探索美食與景點清單。建議第一天待在城內，第二天去城外三甘烹，第三天參加叢林飛躍半日遊，第四天的上午登上素帖寺。

第一日	抵達清邁機場 → 入住酒店放行李 → 泰北咖哩麵：Khao Soi Mae Sai → Graph Cafe @ One Nimman → 三王紀念碑欣賞五百人蠟燭群舞（憶萍節開幕）→ 羅摩利寺（วัดโลกโมฬี；Wat Lok Moli）→ 昌帕門快炒一條街
第二日	清邁當代美術館 → 有機「美」食：Meena Rice Based Cuisine → 田園下午茶：Siripanna Villa Resort → 盼道寺燭火與天燈祈福儀式 → 萍河畔放水燈、放天燈
第三日	叢林飛躍 → 水燈節花車巡遊 → 萍河畔放水燈、放天燈
第四日	素帖寺 → 傳統泰北菜：Huan Muan Jai → 藝術家聚落：Baan Kang Wat → 從清邁機場返回曼谷

清邁的素帖寺是必遊景點之一

推薦住宿

　　清邁住宿選擇多，讓許多人出現選擇障礙。沒關係！只要把握四個準則，就能挑出適合自己的好酒店。第一，抓出願意付出的旅行成本；第二，挑選區域，尼曼商圈、古城區，還是河岸周邊，甚至是再遠一點的山區。第三，決定酒店的樣式，清邁設計酒店相當出名，散發蘭納味道的精品酒店也不能放過。第四，比較住客評價，記得要研究低評價的原因，更能幫助你做決定。

尼曼路商圈

清邁 U 尼曼酒店（U Nimman Chiang Mai）

　　五星酒店清邁 U 尼曼酒店有著絕佳位置。尼曼商圈的起點，十字路口斜對面是 Maya，另一邊與全新開業的 One Nimman 緊緊相連，內有五十間特色餐廳任君挑選。早餐時段長達五個小時，餐點豐富，由於有著「住滿二十四小時退房」的機制，建議以最後一天離開清邁的時間往前推算最佳

入住時間。我最喜歡頂樓的無邊際泳池，可以一邊游泳曬太陽，一邊看飛機飛來飛去。一旁 Pool Bar 調酒特別有誠意，一杯 200 銖，是曼谷五星酒店的半價。房價從 4,700 銖起跳，包含早餐，跨年旺季的房價會翻兩倍。

官方網頁：https://www.uhotelsresorts.com/en/unimmanchiangmai/default.html
官方臉書：UNimman

清邁寧曼工藝酒店（The Craft Nimman Hotel）

　　位於相對安靜的尼曼路九巷內，客房數僅二十七間，六種房型，走精品酒店路線。內縮門面低調，擺放了巨大木桌設置小花園，帶有日式風情，花園後才是接待櫃檯。地板鋪設消光馬賽克磁磚，整間酒店的木製傢俱，與利用回收木板拼貼的裝飾點綴，都是木匠手工訂製。基本房每晚 2,400 銖就有交易，擁有小陽台，酒店不提供早餐。不過酒店走兩分鐘抵達星巴克，三分鐘可到巷口 7-Eleven，無法挑剔的生活機能，也不需要酒店早餐啦！

官方網頁：http://thecraftnimman.com/
官方臉書：Thecraftnimanhotel

清邁古城裡面

清邁 M 酒店（Hotel M Chiang Mai）

　　第一次造訪清邁，我就是入住這間酒店。酒店位於塔佩門斜對面，是週日步行街起點，也是水燈節遊行的起點，對於第一次來到清邁的旅人，入住清邁 M 酒店準沒錯。這是一間上了年紀的三星酒店，硬體設備多少會有些不足，但是看在地理位置無敵的份上，原諒它。雙人房包早餐的房價約 1,800 銖，早餐稍嫌簡單，不過沒關係，吃不飽的話，就上大街找在地美食吧！

官方網頁：https://www.hotelmchiangmai.com/
官方臉書：Hotelmchiangmai

睡床旅舍（HOSTEL by BED）

　　新潮、時尚、簡潔是睡床旅舍給人的第一印象，挑高的開放式大廳是背包旅人交流的地方。地點位於清邁老城區的北邊，距離帕邢寺（วัดพระสิงห์；Wat Phra Singh）與羅摩利寺都是十分鐘內的腳程，宿舍型的床位 450 銖包含簡單早餐，即使青旅也提供雙人房型，一個晚上 1,250 銖就有交易。

官方網頁：http://hostelbybed.com/
官方臉書：hostelbybed

清邁 U 尼曼酒店的無邊際泳池

睡床旅舍是背包旅人的好選擇

叢林飛躍：Jungle Flight

在泰生活六年間的清邁旅行，我總共玩了三次、不同品牌的叢林飛躍，可見個人多麼享受樹梢之間飛來飛去的快感，與親朋好友驚聲尖叫的各種失態。三個品牌分別是 Eagle Track、Flying Squirrels 與創始鼻祖 Jungle Flight，三個行程均包含市區與叢林營地之間一小時車程接送、簡單餐食，並贈送紀念 T Shirt。三個品牌的不同價位，差別在於項目多寡與刺激性。我覺得 Jungle Flight 最刺激，尤其是長達一公里的飛索，以及速度快到臉部扭曲的原子飛車，光這兩個項目就值回票價。

Eagle Track 官方網頁：https://www.eagletrackchiangmai.com/
Flying Squirrels 官方網頁 :http://www.treetopflight.com/
Jungle Flight 官方網頁 :http://www.jungleflightchiangmai.com/

相當刺激、好玩的叢林飛躍

曼谷‧新年跨年
Bangkok New Year Countdown

看點特色

到溫暖國度倒數，滿身大汗的喊出 HAPPY NEW YEAR ！

　　我好享受這樣的情境！機場辦理報到，身穿厚重外套，遞出護照的手微微抖著。三個多小時的飛行，人都還在機艙，卻也感覺到溫度漸升，這是期待天使之城的心使然。降落後，迫不及待的心在顫抖，護照檢查、領行李，出關後在機場的 Superrich 換錢，也沒忘了更換電信 Simcard，一氣呵成。再來是入住酒店，把厚重外套塞到行李箱深處，換上夏天裝扮，要在曼谷跨越新的一年！

　　曼谷跨年最吸引人的地方，在於跨年倒數的地點、玩法千變萬化，任君挑選。融合購物折扣季、年度啤酒節，搭配演唱會與煙火秀，並有無數美食攤家陪伴。我這輩子第一次出國跨年的地點就是曼谷，當周圍人群以泰文與英文倒數時，深深感受到異國跨年的熱情是如此加倍，讓人拋下人生的大小包袱，玩得更瘋、叫得更大聲，笑容也加倍燦爛。出發前，別忘了學會一句泰文版的新年快樂：สวัสดีปีใหม่（Sawadee Pee Mai），絕對讓跨年夜的你，人氣滿滿。

CentralWorld 燈節佈置

曼谷十大跨年地點

1・中央世界商業中心

　　曼谷人公認最經典的跨年場地。中央世界商業中心（CentralWorld）的叻南里路（ถนนราชดำริ；Ratchadamri Rd.）廣場分成兩部分，近空鐵的前半部舉辦耶誕燈飾展，展期從水燈節到跨越新年。「幸福世界」是 2018 年的主題，邀請施華洛世奇（Swarovski）打造遊樂場等級的旋轉木馬，鑲了四萬多顆水晶，並有全城最高聖誕樹，伴隨環繞式的燈飾造景，讓入夜 30 度的曼谷，也有雪國世界的視覺感。廣場後半是一年一度的啤酒花園（Beer Garden），天天舉辦巨星演唱會，一路嗨唱到跨年。黃獅子、綠大象與紅老虎的泰國啤酒三大本土品牌全員到齊，不用飛到慕尼黑，也能感受全場一同乾杯的豪邁。

　　跨年夜，六線道的叻南里路全線封閉，中央世界商業中心前增建跨年舞臺，國際級音樂祭水準的舞臺設計，音響效果極佳，陪伴群眾倒數。五四三二一！煙火從購物中心屋頂發

施華洛世奇在 CentralWorld 打造水晶旋轉木馬

CentralWorld 的啤酒花園，天天開唱到跨年

射，全場彩帶狂飛、巨大彩球在群眾頭上彈來跳去。購物中心放完，後方的盛泰樂（Centara Grand）酒店接力繼續施放，搭配高空酒吧與建築顏色變化，十分鐘的煙火秀放好放滿。坦白說，這場煙火秀並沒有記憶點，但是放得夠久，展現的誠意跟我身上的汗水一樣滿滿的。

如何前往 空鐵 BTS Siam 或 Chit Lom 站，步行前往。

2 · OneSiam 商區

為了不讓中央世界商業中心專美於前，僅一座佛寺相隔的暹羅百麗宮（Siam Paragon），連同暹羅探索（Siam Discovery）與暹羅中心（Siam Center）一同舉辦 OneSiam：The Festival Of Light。打著光影節的噱頭，行跨年購物節之實，店家提供折扣下殺，外國旅客憑護照享有「滿萬再送百」優惠。十一月底至隔年一月，購物中心與露天市集設有光影主題的裝置藝術，連暹羅百麗宮前的耶誕樹都充滿未來感。光影隧道真美，但是溫度也高，畢竟這裡是曼谷啊！

如何前往 空鐵 BTS Siam 站，出站就是暹羅百麗宮。

火車夜市拉差達的的後半段，跨年氣氛也很濃

3 · 火車夜市拉差達與周邊

在夜市跨年不是很邊緣嗎？並不會喔！火車夜市拉差達（Train Night Market Ratchada）的後半段都是露天夜店，在火車夜市跨年，等同於夜店跨年。三五好友相約在夜市吃晚餐，在至少二十家的夜店裡，挑選一家，與在地人一起以泰文倒數，這是最帶草根氣味的曼谷跨年。夜市前的 Esplanade 購物中心，腹地不大，並沒有舉辦啤酒節。沒關係，往北走大約五分鐘，來到二十四小時營業的 The Street，購物中心前廣場變成象牌啤酒的場子，還外掛跨年演唱會，讓你在倒數之後，可繼續喝酒到天明，搭第一班地鐵回酒店。

走起來很熱的光影隧道

如何前往 地鐵 MRT Thailand Cultural Center 站，三號出口出站。跨年夜的捷運會到凌晨兩點，若超過此時間，就需要搭乘計程車，或使用 Grab 叫車。

4 · 河濱碼頭夜市

河上煙火、摩天輪、跨年演唱會與餐廳林立，河濱碼頭夜市（Asiatique The Riverfront）絕對是曼谷最具特色的跨年景點。選擇碼頭夜市跨年，建議黃昏前抵達，在碼頭欣賞整年度的最後一個夕陽落下，接著在餐廳享用晚餐。河岸第一排的熱門餐廳，如 Baan Khanitha，Happy Fish 都建議先行電話訂位，待時間差不多，再走到河岸與群眾倒數。

如何前往 搭 BTS 到 Saphan Taksin 車站，走到 Sathorn（CEN）碼頭轉乘交通船。夜市周邊沒有捷運，散場時上萬人等待接駁船的場面真是可怕，建議若打定主意去碼頭跨年，就直接住在附近的酒店吧！曼谷湄南河畔華美達廣場酒店（Ramada Plaza by Wyndham Bangkok Menam Riverside）與曼谷文思酒店（Hotel Once Bangkok）都是不錯選擇，散場後，只需步行十分鐘就能回到房間。

碼頭夜市是初訪曼谷旅人的必去景點

5 · 暹羅天地

　　2018 年十一月開幕，耗資 540 億泰銖打造的暹羅天地購物中心（ICONSIAM），擺明要搶跨年旺季的生意。暹羅天地開業，也推動昭披耶河兩岸的文創園區發展，像是西岸的火船廊 1919（LHONG 1919）、果醬工廠（Jam Factory）與東岸的 Warehouse 30 等，都是曼谷新興的藝文與餐飲空間。十一月中至隔年一月底，暹羅天地的河岸公園（River Park）舉辦曼谷燈節（Bangkok Illumination），陪群眾過新年。跨年日當天，可先在文創園區的咖啡館，

消磨下午時光，傍晚來到暹羅天地，逛逛室內版本的水上市場，在華麗餐廳享用跨年晚餐，最後在河岸與群眾倒數，欣賞跨年煙火秀。

　　開幕儀式以英特爾的一千五百台無人機燈光秀表演，取代傳統煙火。跨年秀則與泰國旅遊局合作，舉辦 Amazing Thailand Countdown 2019，沿著昭披耶河岸，安排施放長達一公里半的河岸煙火，迎接 2019 年的來臨。

如何前往 搭乘 BTS 至 Krung Thon Buri 站，四號出口轉乘免費接駁車，或至 Saphan Taksin 站，於 Sathorn（CEN）

暹羅天地開幕當天請來葛萊美天后艾莉西亞凱斯登台獻唱

曼谷燈節的光雕秀

碼頭轉乘免費接駁船。目前沒有捷運線，加上吞武里道路狹窄，容易堵車，同樣建議入住附近酒店。暹羅天地隔壁是曼谷千禧希爾頓酒店（Millennium Hilton Bangkok），國際連鎖宜必思曼谷河濱酒店（Ibis Bangkok Riverside）則約十五分鐘腳程。

6‧昭披耶河跨年晚宴

請先讓我幫泰國最偉大的河流正名，這條河不叫湄南河，而是昭披耶河（แม่น้ำเจ้าพระยา；Maenam Chao Phraya），湄南是泰文的譯音，直譯為「水之母」，意指河流；「昭披耶」才是河流名稱喔！

昭披耶河公主號（Chao Phraya Princess）提供跨年晚宴體驗，十點出發，凌晨十二點十五分返回碼頭，票價為每人 3,400 銖。雖然費用是平日的三倍價多一些，但是跨年遊船，可讓你免去在碼頭人擠人，欣賞打了光的古老寺廟與煙火相映成趣，絕對是浪漫且值得紀念的跨年方式。在 Klook 或 KKday 購票，都比官網便宜。

7‧考山路夜店

人說考山路是背包客天堂，我說考山路是帕岸島（Koh Phangan）無政府狀態的延續，金髮碧眼旅人的地盤。在考山路跨年，你會被瘋狂旅人圍繞，八成都是三十歲以下的男女青年，哇！光用想的就覺得嗨心。考山路是許多夜店的集合，可從第一家玩到最後一家，就跟月圓派對一樣，差別在於考山是馬路，不是海灘。不過大家都還是海灘裝扮，性感背心、小熱褲的，養眼滿分。

如何前往 搭乘 BTS 到 Saphan Taksin 車站，於 Sathorn（CEN）碼頭轉乘交通船，Phra Arthit（N13）碼頭下船走出去，與河岸平行的帕阿帝路（ถนนพระอาทิตย์；Phra Athit Rd）是考山區域最外圈，就可以見到夜店。來考山路狂歡，不一定要住在背包客聚集的青年旅館，河岸四星曼谷里瓦蘇里亞酒店（Riva Surya Bangkok）是進可攻退可守的好位置，或是巷弄中的國際連鎖，曼谷考山路韋恩泰宜必思尚品酒店（Ibis Styles Bangkok Khaosan Viengtai）是我私心最愛的考山路酒店。

8‧ 席隆路夜店

　　這一段，獻給我親愛的 LGBTQ 族群。天使之城跨年，泡在席隆（Silom）就對了，行程都幫你們排好，按表操課即可。三十一日的白天記得睡飽一點，傍晚時與好友相約，到蘇拉翁塞曼谷萬豪酒店（Bangkok Marriott Hotel The Surawongse）位 於 33 樓的 Yao Rooftop Bar 小酌幾杯，欣賞年終日落。接著移師到擁有戶外庭院的 Mango Tree Surawongse 吃晚餐，約莫十點，開始往席隆路 2 巷或 4 巷的夜店移動，太晚就擠不進去囉！夜店會開到凌晨兩點，有的到四點才打烊。相信我，一月一日凌晨四點的席隆路，依舊人聲鼎沸，坐在路邊吃碗雞腿米粉湯，跟新朋友聊聊天，就差不多可以搭到第一班捷運回酒店休息。

9‧ 高空酒吧跨年

　　在演唱會與夜店跨年，適合沒什麼曖昧傳遞的狐群狗黨一起狂歡。若是情侶出遊，訂一間好景觀、真浪漫的高空酒吧（Sky Bar），絕對可讓對方的好感度往上加到兩百。曼谷的高空酒吧好多，除了中央世界商業中心

樓上的 Red Sky，你還有其他選擇。

Sirocco Sky Bar

　　國家大樓蓮花大酒店（Lebua at State Tower）的 63 樓高空酒吧景致可是曼谷一絕，好萊塢電影《醉後大丈夫》（The Hangover Part II）的拍攝場景加持，跨年派對一位難求。

Three Sixty

　　曼谷千禧希爾頓酒店（Millennium Hilton Bangkok）32 樓的環景酒吧，隔壁是暹羅天地，在這裡跨年，就像在搖滾區看演唱會一樣過癮。

View Rooftop Bar

　　相較之下，曼谷諾富特白金水門 酒 店（Novotel Bangkok Platinum Pratunam）的酒吧稱不上高，但是面

面對跨年煙火場地的 View Rooftop Bar

對著中央世界商業中心，9 樓高度恰好可感受到馬路上的人群吶喊與倒數聲響，酒吧旁的無邊際泳池，完美反射煙火倒影，並有駐場電音 DJ 打碟，氣氛好棒啊！

Terrace Bar

　　泰 國 最 高 樓 King Power Mahanakhon 的高空酒吧 Terrace Bar 位在 78 樓，景色囊括城市與河景，無人能敵。全國最高跨年場地，當然代價不斐，跨年限量派對入場費用，每人從萬株起跳。

10 · 舊城區寺廟誦經跨年

　　讓我們回歸到心靈層面，體驗一場與內心深處對話的跨年夜。看到這裡，是不是覺得很跳 Tone ？其實這才是最接地氣的泰式跨年。跨年之夜，每個城的重要寺廟，皆舉辦誦經祈福儀式，陪伴信眾跨越新年。至於在曼谷，地點以舊城區經典廟宇為主，例如黎明寺 (Wat Arun)、金山寺（Wat Saket）或素泰寺（Wat Suthat），寺方準備誦經讀本、椅子與地墊以接納跨年祈福的信眾們。儀式從傍晚開始，

舊城區金山寺的誦經跨年

跨年期間的四面佛祭壇無論日夜，都是人潮滿滿

越到深夜，聚集信眾越多，供佛大殿前的位置早就滿了，晚到的信眾會越坐越遠，沒關係，廟方的麥克風與音響設備早已架設好，只要在寺廟周邊，都能聽見溫暖的誦經聲音。

一開始，你當然不了解巴利語經文的發音，但請坐下來，靜心聽著從音響傳來的誦經聲，暖心又充滿力量的語調，一段時間後，經文不斷重複，多少也能抓到幾個詞彙，也就能跟著輕聲複誦。身處舊城，聽到鞭炮聲才發現時間流逝，原來已經跨越到新的年度。誦經儀式會在新一年的第十五分或三十分鐘結束，之後大家湧入附近的夜市與美食大排檔吃宵夜，新的一年，從堅定信念與在地美食開始，我喜歡。

曼谷跨年注意事項

參加演唱會或夜店跑趴，帶個手機、儲值好足夠金額的捷運卡，預先算好大約花費，帶預算內的現金即可。用 Grab 叫車也選擇信用卡付款，連皮夾都不用帶。如果必需帶背包出門，記得背在前面。護照的個人資料頁要用手機拍下照片，帶手機出門也等同帶了護照，貴重用品就鎖在房間的保險箱或行李箱裡。

跨年期間的餐廳、高空酒吧，建議通通都要預先訂位，避免出現「人到了卻沒辦法入座」的窘況。連假期間，平時開開 Grab 打打工的曼谷人變少，連計程車數量都跟著變少，跨年活動結束，所有人一起搶 Grab 或計程車，光用想的就覺得可怕。住宿位置的選擇，深深影響交通移動。先決定要去那邊跨年，再來決定住宿，跨年夜若在曼谷，不該將寶貴時間浪費在交通接駁的等待上啊！

購物中心都有固定的跨年活動或電音派對

跨年期間住宿推薦

中央世界商業中心跨年

曼谷諾富特白金水門酒店（Novotel Bangkok Platinum Pratunam）

　　若問我「市區跨年，住哪間酒店最好？」答案正是曼谷諾富特白金水門酒店。酒店位於水門市場十字路口上，剛好是叻南里路跨年場地尾端，與施放煙火的中央世界商業中心僅隔一條運河與綠地公園。酒店擁有面對中央世界商業中心的行政套房，是俗稱的煙火房，只要早早訂房卡位，就能實現在冷氣房裡，近距離看燦爛煙火，倒數跨年的浮誇心願。相較於世界知名城市的跨年煙火房，動輒萬元起跳，這間諾富特顯得平易近人許多，半年前訂房約 7,000 銖即可入住高樓層的煙火行政套房，極其划算。

官方網頁：https://novotelbangkokplatinum.com/
官方臉書：NovotelBangkokPlatinum

從煙火套房看出去的市區景觀

曼谷柏悅酒店（Park Hyatt Bangkok）

曼谷柏悅酒店位於購物中心 Central Embassy 樓上，並有空橋與空鐵 Phloen Chit 站相連，地理位置佳。若在中央世界商業中心跨年，活動散場後，用走的就能回到酒店，腳程只要十分鐘。9 樓無邊際溫水泳池遍植翠綠林木，營造城市綠洲氛圍。34 樓的 Penthouse Bar & Grill 一邊欣賞夜景一邊喝酒，適合跨年的情緒。柏悅強調極度精緻，早餐食材有機，健康主義至上。奢華酒店做出市場差異化，感覺先決，讓細節與服務決定一切。跨年房價，12,000 銖起跳。

官方網頁：https://www.hyatt.com/en-US/hotel/thailand/park-hyatt-bangkok/bkkph
官方臉書：ParkHyattBangkok

豐盛的早餐為有機食材

無邊際溫水泳池與精緻房型

暹羅天地跨年

曼谷半島酒店（The Peninsula Bangkok）

　　跨年住在半島酒店，落地窗就能見煙火。河岸老字號五星，酒店造型像個兩側拉長、壓扁的 W 字樣，讓每間房都享有河景。推薦入住每樓僅兩間房的 Grand Balcony Room，剛好位於 W 型的凹處，有個能夠踏出去的陽台，其餘房型皆為落地窗。再來就要直上最高等級的套房房型，才能享有高空陽台景致。半島酒店歷史悠久，卻沒有裹足不前的包袱，光環下仍持續創新，例如半島提供的不是房卡，而是內藏晶片的真鑰匙，具有分量。從裡到外，用一種復古氛圍來覆蓋科技感，服務以細膩為出發點，河岸經典品牌，半島名不虛傳。有陽台的房型，淡季房價約 8,000 銖包含早餐，跨年旺季價格直接乘兩倍，相信我，這錢花的值得。另外，半島酒店距離最新的暹羅天地只要五分鐘腳程。

官方網站：https://www.peninsula.com/en/bangkok/5-star-luxury-hotel-riverside
官方臉書：ThePeninsulabangkok

老字號五星酒店服務細膩，持續創新

淡季入住有陽台的房型，相當值得

對自己好一點，升等到行政酒廊吃早餐

雖然河岸蓋起不少高樓，但有無邊際泳池還是很棒的

河濱夜市跨年

易思廷大酒店沙吞（Eastin Grand Hotel Sathorn）

連鎖四星易思廷大酒店與空鐵站 Surasak 緊緊相連，跨年活動退場時搭乘空鐵回到房間相當方便。而且就算是在河濱夜市跨年，結束後不想擠交通船，也能用走的，散步半小時就可回到酒店。隔天想睡晚一點也行，早餐時段到中午十一點半，適合前晚 Clubbing 到深夜的人。酒店還有個 14 樓的無邊際泳池，河景雖然已經被河岸大樓擋住，但依舊是曼谷的經典泳池之一。跨年的普通房型價格約 4,400 銖起跳，包含早餐，或是可選擇 8,700 銖的行政套房，可享用行政酒廊的所有服務。

官方網站：https://www.eastinhotelsresidences.com/en/eastingrandsathornbangkok/
官方臉書：EastinGrandSathorn

曼谷最便宜的四星美居酒店，CP 值超高

面對機場快線綠地公園的無邊際泳池

拉差達路跨年

曼谷麥卡桑美居酒店（Mercure Bangkok Makkasan）

　　美居（Mercure）是雅高集團的四星酒店，目前曼谷共有三間，曼谷麥卡桑美居酒店是價格最親切的。酒店離機場快線 Makkasan 站的腳程約七分鐘，走十分鐘可抵達地鐵 MRT Petchaburi 站，搭兩站就到火車夜市拉差達。環境清幽，擁有面對著綠地公園的迷你無邊際泳池，讓酒店如同城市小綠洲的存在，頗有度假感。酒店提供班次頻繁的接駁車送至捷運車站，雙人房含早餐約 2,000 銖有找，真心覺得超值。

官方網站：https://www.accorhotels.com/gb/hotel-8422-mercure-bangkok-makkasan/index.shtml
官方臉書：MercureBangkokMakkasan

通羅夜店區跨年

曼谷帝寶素坤逸 55 酒店（Grande Centre Point Sukhumvit 55）

有些朋友的跨年方式，是三五好友聚集夜店，在灌下了大量的酒精之後，跟整間店的陌生人一起倒數，還能因此認識新朋友呢！這樣子的人，我推薦他們住在夜店周邊，假如喝掛了，大家扶一扶也能拖回房間。曼谷帝寶素坤逸 55 酒店位於通羅（Thong Lor），整條路的中後段幾乎都是夜店，喜愛 Club-Hopping 的派對動物們，

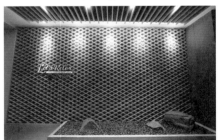

這是間附設溫泉的酒店，相當有療癒氣氛

住這裡就對了。

酒店附設 Let's Relax Onsen & Spa，不只能享受按摩 Spa，還有溫泉池。溫泉區男女分開，各有五個主題的熱冷溫泉池，高挑空間寬敞，耳中聽到淡淡日式樂音，身著日式浴衣，腳踩涼蓆拖鞋。雖然擺明是溫泉粉調出來的熱水，但還是營造療癒的溫泉鄉氣息。入住時會拿到 Let's Relax 的溫泉與 Spa Package 的折價券。涼季的跨年時期，入住泰國最大的溫泉酒店，真的很有感覺。跨年時的價格，包含早餐的雙人房要價 7,000 銖，但是淡季時，入住價格直接砍一半。酒店有提供接駁嘟嘟車送至空鐵 Thong Lor 站，可省下十分鐘的步行時間。

官方網站：https://www.grandecentrepointsukhumvit55.com/
官方臉書：gcpsukhumvit55

位於通羅夜店區，適合派對動物

考山路跨年

曼谷考山路韋恩泰宜必思尚品酒店（ibis Styles Bangkok Khaosan Viengtai）

國際連鎖的三星酒店宜必思尚品，將多彩、玩樂氣氛搓合在地風格而成特色。考山路是夜夜笙歌的，酒店也就有附設 Live Band 駐場的酒吧；兩旁是夜市攤家，對面有整排夜店與泰式按摩。考山路是讓人開心的，酒店氣氛也是。早餐特別豐盛，勝過我所有住過的宜必思酒店，而且大廳後方還藏了露天泳池！你知道，要在考山路找到有泳池的酒店有多難得嗎？

官方網頁：https://www.ibisstylesbangkokkhaosan.com
官方臉書：ibisStylesKhaosan

哈努旅舍（Hanu Hostel）

另一個派對動物的選擇，就是住在考山路周邊。離考山路僅五分鐘腳程的哈努旅舍，位於曼谷市立圖書館（Bangkok City Library）對面巷弄，由老建築物改建，以猴神哈奴曼（หนุมาน；Hanuman）為主題，頂樓酒吧可遠眺拉瑪八世橋。前往皇家田廣場、大皇宮與臥佛寺都是十五分鐘腳程，斜對面有二十四小時的便利商店，巷口被小食攤圍繞，地理位置佳，每張床 450 銖起跳，不含早餐。

官方網頁：http://www.hanuhostel.com/
官方臉書：HANU2016

彩虹泳池是酒店內的 IG 拍照熱點

位於知名景點附近的哈努旅舍

泰國雖然是個以佛教為主的國家，不過購物中心的耶誕裝飾也沒有在客氣的，過節氣氛超濃厚

1月

清萊・董山彩祭
Color of Doi Tung Festival

看點特色

泰國海拔最高的森林市集
在薑山

　　泰國，一個擁有濃烈市集情感的國家，市集的深度、廣度隨著地點特殊性與創意而進化。每到一個城市，要體驗在地文化，逛市集是很棒的方式。白天的集市，我們稱「市集」，夜晚展開的集市，叫做「夜市」。昭披耶河岸的碼頭夜市，是旅人初訪曼谷的必去景點。清邁塔佩門前的週末市集，將古城氛圍、寺廟與攤販文化完美包裝。在泰生活這幾年，我還逛過沿著海岸線擺攤的夜市，叫賣聲伴隨海浪聲與鹹味海風一同襲來；甚至舉辦在荒廢造船廠與遺產古蹟的期間限定市集。

　　好的！我是為了「泰國海拔最高的市集」來到薑山彩祭。

　　海拔一千公尺高的森林市集，走著走著還會飄來一陣霧，這種體驗可是第一次。想像一下，高山上薄霧如紗，視野朦朧，泰式古調與鬧哄人聲傳入耳朵，有點不太真實。山林縣道的緩坡兩側，利用茅草、竹子與木頭等自然建材搭建的攤位，放眼望去見

山林縣道上席地而坐吃著泰北美食

董山彩祭當中的踩高蹺體驗

市集，將山林縣道封閉，擺設近百家攤位，提供高山族織布的工作坊體驗、咖啡豆認識教學、廣邀各式民俗表演，於董山風景區當中舉行。

董山彩祭是清萊的年度最大節慶活動，沒有之一。

高山族體驗活動，與小朋友一起跳舞

不到底。踏入會場，右手邊整排的美食攤家，熱情的招呼著。這裡沒有購物中心美食街的制式桌椅，反而在地上鋪起草蓆，擺著帝王餐使用的托高藤編小圓桌，大家席地而坐享用食物。買了紫色糯米飯與炸鹹豬肉，選張藤編小桌就跟陌生人一同用餐，還不時有霧氣在攤家之間飄著。五顏六色的手工竹傘，成了霧中的醒目裝飾，泰北獨有的祈福彩旗隨風飄揚，讓這海拔最高的市集，充滿了色彩的生命力。

清萊年度最大節慶活動

董山彩祭（สีสันแห่งดอยตุง；Color of Doi Tung Festival）期間長達一個半月，十二月初至隔年一月底，正好搭上跨年旅遊旺季，機場就能見到燈箱廣告。董山彩祭擁有泰國海拔最高的

彩祭，除了參加森林市集，風景區內還有許多景點可以一併順遊，其中最不能錯過的，就是皇室的行宮與花園。已故九世泰王蒲美蓬的母親，皇太后詩納卡琳女士的行宮設於董山。皇太后離世後，泰國皇室將皇太后行宮（Doi Tung Royal Villa）、皇太后花園（Mae Fah Luang Garden）與邊境線上的植物園開放大眾參觀。

皇太后花園喝杯產地阿拉比卡

皇太后行宮為兩層樓木造建築，環繞山景與細膩照顧的花草樹木是唯二裝飾，散發質樸無華的隱世感。花園是皇太后晚年的日常散步之處，放射狀花圃佔地極廣，植滿嬌豔鮮花、山茶花、薰衣草、聖誕紅與各色玫瑰，一旁的獨立溫室，由專人照顧著珍稀蘭花。園區設有 Café DoiTung，在花團錦簇之中，喝杯產地的熱拿鐵，好舒心。

Tree Top Walk 森林步道

皇太后花園中的 Tree Top Walk，在蒼勁森林架起木橋步道，由於會上到約九層樓高的樹梢，使得血液中充滿芬多精，還多少摻入些腎上腺素。活動開始前有十分鐘教學，之後每一步都要抓著自己的扣環，緩緩前進。全程四十分鐘，即使氣溫不到 20 度，走完一趟的我竟然流汗了！Tree Top Walk 不可怕，運動量卻很大。

美不勝收的皇太后花園

Tree Top Walk 森林步道

董山舍利塔

蘭納王國的第一座佛祖舍利塔

董山舍利塔（วัดพระธาตุดอยตุง；
Wat Phra That Doi Tung）在此超過千
年。西元 911 年，清盛國王得到進貢
的佛祖舍利，發願建塔供奉。國王來
到董山，在山頂懸掛長條狀彩旗，任
其飄揚。再剪斷綁繩，讓風來尋找福
地，最終彩旗落下處，就是現今的董
山佛塔。雙塔造型，是蘭納王國第一
座舍利塔，被列為泰北十二生肖塔群
的豬年本命塔。

泰國的十二生肖，ปีกุน（Pee Kun）
是豬年，蘭納人認為 กุน（Kun）等同於
กุญชร（Kunchorn），一種生活在喜瑪
梵塔森林（ป่าหิมพานต์；Himavanta）
的神獸，有著大象的外型。蘭納人的
十二生肖，屬豬之人就是屬大象。因
此在佛塔周邊，除了見到許多豬的公
仔，還有更多大象雕刻。

佛塔經過無數次整修，塔身佈滿
厚實工整的金。信眾以順時鐘繞雙塔
祈福，還不時有霧氣於塔間飄動，好

有靈氣。當年尋找福地的彩旗,現今依舊可在寺院與慶典當中見到。每當彩旗恣意搖曳,就代表福份傳遞,意義如同西藏的風馬經幡,只是彩旗印的不是經文,而是聖獸、十二生肖或佛教法器圖案。彩旗的泰北方言叫做ตุง(Tung),董山正是那座「飄滿彩旗的山」。

傳遞福份的彩旗

蘭納人的十二生肖,屬豬就是屬大象

因有當年皇太后的建設,才有現今的董山

泰緬邊境的董山風景區曾經惡名昭彰。半個世紀前,邊陲之地遍植罌粟花,植被與水源都遭受破壞。旅居瑞士的皇太后於 1964 年來到董山巡遊,發現景緻與溫度都媲美瑞士,只是邊境毒品交易猖獗,高山族群生活缺乏醫療、教育與政府支持,只能依存在毒品經濟之下,從事罌粟花種植維生。

皇太后動用皇室影響力,將行宮設於董山,這樣一來有軍隊巡守,再帶入醫療團隊,提升山地社群的醫療品質。泰皇室順勢推動董山發展計畫(Doi Tung Development Project),藉著重新規劃用地,以高經濟作物如咖啡、夏威夷豆、茶葉、蘭花與有機蔬果取代罌粟花,翻轉當地人的生活。在當時,高山族群稱皇太后為 Mae Fah Luang(แม่ฟ้าหลวง),意思為「天上皇母」。現今的清萊大學與清萊國際機場,也都冠上了 Mae Fah Luang 的稱號,用以紀念皇太后對清萊的貢獻。

從罌粟花變成咖啡香

　　計畫實施的三十年後，曾經藏匿毒梟的山林變成風景區，金三角（Golden Triangle）成為旅遊景點，清萊也以觀光茶園、咖啡園與無數間的咖啡館向旅人招手。董山成立的多角化經營品牌 DoiTung，產品從阿拉比卡咖啡豆、夏威夷豆等食品，到融入高山族圖騰設計的衣物與飾品，並與瑞典的宜家家居（IKEA）合作，推出桌具組合。董山計畫的空前成功，得到聯合國毒品和犯罪辦公室（UNODC）的大力表揚，證明罌粟花也能變成咖啡香。

國際知名的董山咖啡

泰國本土的精品咖啡

　　董山咖啡口感微澀，帶有細微果酸香氣，給人一種細膩精緻感。也因此，董山咖啡從一開始就不玩低價策略，而是走精品咖啡路線（價格依然比星巴克低廉），就如同董山品牌本身，積極往精品界靠攏。在董山風景區、清萊機場，或是曼谷的暹羅百麗宮，皆可見到 DoiTung Lifestyle Shops，販售比市面高價的泰北風格手工藝品、織品衣物等產品，也能買到董山咖啡豆，甚至喝到現沖的香醇咖啡。董山是泰國外銷日本的主力咖啡豆品牌，年出口產值達千萬泰銖，也使得董山被喜歡異業合作的日本航空（Japan Airlines）相中，從 2018年十二月開始，將董山選為東京來往曼谷的航線限定嚴選咖啡，讓泰北咖啡在三萬英呎高空的機艙內飄香。

曼谷出發前往清萊

飛機

　　清萊國際機場距離邊境關口美賽（แม่สาย；Mae Sai）僅一小時車程，許多旅人是利用飛機抵達清萊，再轉車進入緬甸撣邦的大其力（Tachileik）。曼谷出發飛抵清萊，航程七十分鐘，泰國每間廉航都有經營此航線。機場大廳有排班計程車前往市區，費用 200 銖，車程二十分鐘。清萊可使用 Grab Taxi 軟體叫車，機場前往市區巴士站，費用為 120 銖。

長途巴士

　　搭乘長途巴士前往，可於曼谷的北部與東北部巴士總站（Northern & Northeastern Bus Terminal）搭車。巴士要搭得舒適，建議選擇 Nakhonchai Air 巴士公司，它每天有兩個班次的夜車開往清萊，單程 668 銖，車程十二個小時。相信這是機票價格太便宜，明顯打壓長途巴士市場造成，因此長途巴士的班次越來越少。但我相信，對於想要體驗高級巴士服務，並省去一晚住宿費用的旅人，長途巴士還是有其存在的價值。由於班次不多，強烈建議先行上網訂票，若出發前才到車站購買，保證撲空。

夜裡的清萊鐘塔，也是地標之一

清邁出發前往清萊

　　清邁前往清萊，可於拱廊巴士站
（Arcade Bus Terminal）搭乘長途巴
士，建議選擇 Greenbus 巴士公司。
這家公司的車子很新，可事先於網路
訂票，發車時間從早上六點四十五分
至晚上六點，尖峰時段每半小時就有
一班車，車程三小時。

長途巴士公司 Nakhonchai Air
官方網頁：https://www.nakhonchaiair.com/
長途巴士公司 Greenbus
官方網頁：https://www.greenbusthailand.
com

清萊市區前往董山

　　董山風景區距離清萊市區約七十
分鐘車程。使用 Grab 叫車，從市區出
發前往董山，單趟費用 600 銖。不過，
回程在山區會叫不到車子，建議以包
車方式遊覽董山，可沿途走訪市區與
周圍景點。包車十小時的費用從 1,800
銖至 2,500 銖不等，端看地點多寡、
遠近而定，包車事宜可請入住酒店協
助最為方便。

地區介紹

鎮國玉佛的故鄉，清萊

　　清邁建城之前，清萊是蘭納王國的第一個國都。這座城富有故事，最具傳奇色彩的，就屬鎮國之寶翡翠玉佛，玉佛（พระแก้วมรกต；Phra Kaew Morakot）從清萊而來。當年為了躲避戰事，玉佛被人以泥塑包裹，藏在清萊寺院的佛塔底下。某日雷擊，一

尊稀有、以玉雕琢的佛像被人發現，立刻傳為佳話，寺院也改稱清萊的玉佛 寺（วัดพระแก้ว เชียงราย；Wat Phra Kaew Chiang Rai）。消息傳開，玉佛被蘭納統治者送往南邦（ลำปาง；Lampang）與清邁供奉。之後，玉佛還因戰亂跨越國界，輾轉飄流至寮國的龍波邦與永珍，供奉於當地超過兩個世紀。直到泰皇拉瑪一世，玉佛被請回，並於 1784 年供奉於特別建造的大皇宮玉佛寺。從此之後，泰王按照三季時令，親自幫玉佛換上當季的黃金錦衣，祈求國泰民安，習俗沿襲至今已超過兩百年。

現今清萊玉佛寺內供奉的玉佛，是泰皇室贈送的精緻複刻版

不只是寺廟，更是藝術品：白廟

距離清萊市區二十分鐘車程的龍坤寺（วัดร่องขุ่น；Wat Rong Khun），也稱白廟或白龍寺。寺廟由清萊藝術家 Chalermchai Kositpipat 打造，使用大量白色建材、琉璃與鏡面，建構出純潔無暇如夢境的廟宇，是當代藝術與宗教文化的完美結合，成為清萊最知名景點，遊客絡繹不絕。

官方網頁：http://www.watrongkhun.org/
開放時間：07:00～17:00

獅子公園享用精緻泰北料理：Bhu Bhirom

獅子公園（Singha Park）又叫做 Boon Rawd Farm（บุญรอดฟาร์ม），是泰國獅牌啤酒（Beer Singha）開設的觀光農場。園區包含茶園、果園與迷你動物園，還能玩高空飛索。園方活動舉辦頻繁，每年二月的國際熱氣球嘉年華就在此地舉行。獅子公園當然也賣啤酒，只是自產自銷的茶葉

人潮絡繹不絕的白廟

與有機農產品才是這裡最大賣點。園區制高點的 Bhu Bhirom 餐廳，可欣賞茶園壯麗景緻，提供精緻的泰北料理，尤其是茶料理與自家烏龍茶可別錯過。園區內所種的茶葉，是從臺灣引進的金萱烏龍茶。

官方網頁：http://singhapark.com/
餐廳營業時間：11:00 ～ 22:00

擁有絕佳景色的 Bhu Bhirom 餐廳

清萊夜市與步行街

巴士站旁的清萊夜市（Chiang Rai Night Bazaar）天天營業。週六晚上 Thanalai 路還會特別封街，讓每週一次的清萊步行街（Chiang Rai Walking Street）盛大舉辦。步行街上的吃喝玩樂通通都有，可以買到各色拌手禮、手工藝品、高山族的傳統服飾，也能吃到平民美食咖哩麵。其中超過三分之一的攤位都是美食，銅板小吃雲集，不怕不夠吃，就怕胃不夠大。

營業時間：周六限定，16:00 ～ 22:00

園內 IG 打卡熱點「翠峰茶園」

熱鬧氣氛的清萊步行街

彷彿進入海底世界：藍廟

清萊三大「顏色景點」，除了大熱門的白廟與黑屋博物館之外，還有近期才全部完工的藍廟（วัดร่องเสือเต้น；Wat Rong Suea Ten）。這座寺廟的建築以藍色為底，金色雕刻與純白線條畫龍點睛，藍廟規模不大，卻以強烈對比色彩營造出恢弘的氣勢。佛殿更是一絕，藍色空間瀰漫一種海底世界的迷幻感，純白玉佛典雅莊嚴，四面八方的手繪壁畫，讓人無比讚嘆。原來，設計出藍廟的建築藝術家，他是白廟大師的弟子，也同樣是清萊本地人。師徒兩人創造出藝術品般的絕美寺廟，不只是信仰上的奉獻，寺廟成為觀光景點，吸引遊人，也是造福桑梓。

純白玉佛在藍色空間點綴下更顯莊嚴

到湄公河岸走走吧！清盛與金三角

古城清盛（เชียงแสน；Chiang Sean）是蘭納明萊王（มังราย；Mangrai）的老家，有著國家博物館與遺址公園。清盛離清萊七十公里，利用 Grab 叫車，從市區出發的費用約 550 銖，車程一小時。也可於清萊巴士站搭乘交通巴士，每小時一班車，費用 26 銖，車程兩小時。清盛距離金三角只有十分鐘車程，也可前往美賽邊境市集（Mae Sai Border Market），在市集裡可買到緬甸玉石、傳統服飾籠基（Longyi）與香木粉檀娜卡（Thanaka）伴手禮。清盛擁有許多河景酒店，是探索金三角與邊境文化的最佳落腳選擇。

位於清盛的遺址 Wat Pa Sak

清萊董山彩祭
與金三角四日遊

多數人遊覽清萊的方式，是從清邁參加一日遊。蜻蜓點水式的旅行，超過一半的時間都在坐車啊……真可惜！要深度遊歷清萊，建議紮紮實實的停留四天三夜，更能細膩體驗壯闊美景與邊境文化的獨特。

過了美賽關口，對面就是緬甸

三大顏色景點之一的黑屋博物館

泰國最北點地標：美賽邊境關口

第一日	清萊機場 → 清盛 → 金三角 → 美賽邊境市集 → 蠍子廟（Wat Phra That Doi Wao） → 湄公河大排檔晚餐，住清盛
第二日	清盛國家博物館與遺址公園 → 搭車前往清萊 → 獅子公園 → 清萊夜市或週六步行街
第三日	藍廟 → 黑屋博物館（Baan Dam Museum） → 翠峰茶園（Choui Fong Tea Farm） → 董山彩祭與董山舍利塔
第四日	白廟 → Melt In Your Mouth → 清萊機場

特色住宿

清萊艾美度假酒店（Le Meridien Chiang Rai Resort）

老字號經典五星，酒店經過多次整修，越變越美麗。清萊艾美位於河畔，擁有戶外泳池、廣闊綠地與河景餐廳，是清萊度假旅行的首選。酒店價格起伏很大，雨季通常有半價優惠。

官方網頁：http://www.lemeridienchiangrai.com/

諾恩儂萊恩咖啡旅舍（Norn Nung Len Cafe' & Hostel）

距離巴士站、鐘塔、夜市通通只要五分鐘步行距離的青旅，還有什麼好挑剔的呢？傳統的青年旅館設計，大廳溫馨，晚上還可能來場 Live House 音樂會，每張床 240 銖就能住上一個晚上，是市區的高評價青旅之一。

官方臉書：Norn-Nung-Len-CafeHostel

梅諾尼旅館（Manonnee）

　　梅諾尼旅館只有八間房，每間都有大面積觀景窗，窗外就是一片綠。左右鄰居開設了兩間庭園咖啡與迷你露營區，讓週末特別熱鬧。巷口有7-Eleven，距離獅子公園只要三分鐘車程，推薦給想要體驗特色小酒店的旅人。房價約 1,000 銖，包含早餐。

官方臉書：Manonnee.chiangrai

相當有氣氛的特色旅館

簡約酒店（A Hotel Simply）

　　金三角區域的河景酒店，大部分集中在清盛。簡約酒店隸屬 Siam Triangle Hotel 的旗下，擁有無邊際泳池與河景餐廳。波光瀲灩的湄公河岸享用早餐，見著高掛寮國旗幟的船隻在河上緩慢前進，人會不自覺的放空，時間也跟著慢下來。基本房型 1,000 銖就能住一晚，包含早餐。

官方臉書：ahotelsimply

在湄公河畔可品嚐道地東北菜

泰北小知識

康托克

　　康托克（ขันโตก；Khantoke）指的是帝王餐使用的托高藤編小桌，這種桌子常在泰北的市集、夜市見到。泰國人習慣在地上吃東西，但如果要宴客，食物放地上總是不太體面。蘭納人想出個點子，以托高的藤編器皿盛裝食物，不僅看起來正式，席地用餐依舊能拉近人與人間的距離。

吃得跟帝王一樣：泰北拼盤

　　所謂的帝王餐，是泰北菜系常見的開胃菜，北部方言叫做 ออเดิร์ฟเมือง（Or Dep Muang），我習慣稱「泰北拼盤」，獅子公園的 Bhu Bhirom 就能吃到。

　　拼盤以中央的青嫩辣椒醬為靈魂，圍繞四至五樣的配菜，與沾醬搭配著吃。辣椒醬以未熟透的青辣椒為基底，先烤過再搗成醬。如此的綠色，總讓人聯想起它的嗆辣，但相信我，青嫩辣椒醬沒有想像中來得辣，反而帶著一絲清爽，加上它幾乎百搭，更能將味覺提升至另一種層次。無論是糯米飯、水煮無調味的南瓜、蔬菜、烤物皆可搭配，每一口保證都是驚喜。泰北炸豬皮的做法精緻，每個府的做法稍有不同。炸豬皮沾這個青嫩辣椒醬，絕配啊！

　　至於拼盤中常見的香腸，吃過的可能會問「泰北酸香腸與東北酸香腸到底差在哪裡？」泰北香腸與華人傳統臘腸的製作方式一樣，肉膜中灌入南薑、香茅、辣椒調味的碎豬肉，整串一起烤之後切成片上

沾上青嫩辣椒醬，食物的美味層次又提升了

桌。東北酸香腸則是每串小小的，曼谷較常見。雖然說泰北與東北香腸吃起來都有酸酸的發酵味道，但整體來說泰北的味道比較淡一些，適合沾辣椒醬提味。

白廟佛殿前，有一座橋，橋下有從地獄伸出來的手（象徵）。過橋時，聽到泰國人大聲喊著「大家千萬不要回頭看啊！」知道為什麼嗎？因為堵在橋上，會影響後面的人通過，人潮真的很多啊！

2月

烏隆・紅蓮花海
Talay Bua Daeng

世界奇湖之一，獨一無二的粉紅色地平線

在泰生活六年了，朋友們最常問我：「去過這麼多地方，哪個才是你的最愛？」

挑選最愛景點，我的答案必定是紅蓮花海。意外吧！竟然不是泰南邊境海島天堂，而是東北紅蓮花海。在泰國，天堂般的島嶼有好多個，人都還沒出發，也大概就能猜到目的地的樣子。也就是說，同樣美到讓人窒息的紅蓮花海才是真正獨一無二，能吸引我在三年的花季前往烏隆府，只為感受粉紅色地平線的震撼。

位於東北部烏隆府（อุดรธานี；Udon Thani，全名為烏隆他尼，簡稱烏隆）的坤帕瓦比（กุมภวาปี；Kumphawapi）小鎮上，隆漢湖（หนองหาน；Nong Han）被規劃成為濕地保育區，擁有的蓮花數以萬計，是泰國最大的蓮花湖景觀。保育區的蓮花不得採收，任其自由生長，由專人護育以維護生態多樣性，目的是要讓濕地永存。每年十二月初至隔年二月底的冬季時節，雨量最少、氣溫最低，也正是蓮花盛開的季節。隆漢湖上一望無際的蓮花綻放，壯闊如同大海，當地人稱為紅蓮花海（ทะเลบัวแดง；Talay Bua Daeng）。品種關係，隆漢湖的蓮花是粉紅色的，帶著一絲盎然仙氣。

紅蓮花海曾經在 2014 年，被 CNN 評價為世界奇湖（World's Strangest Lakes），讓原先默默無名小鎮，一時之間聲名大噪。隔年泰國旅遊局砸重金，包下曼谷機場捷運車箱廣告，將紅蓮花海景緻搬進列車內。加上國內外旅遊節目爭相介紹，與企業聯名贊助之下，紅蓮花海已成為新興的國家級景點，湖岸周圍建設持續發展，潛力看漲。

聞名國際，泰國最大的粉紅蓮花湖景觀

紅蓮花海上絕美日出

要賞蓮花，內心要先有一個默契，就是要起個大早！觀賞時間是六點半至九點半，花瓣盛開、光線最佳且氣溫宜人。花朵會在太陽升起時一同綻放，隨著氣溫越來越高（冬季的東北部，日夜溫差極大），蓮花會在十點左右逐漸含苞。約莫十一點，花瓣會完全闔上，不再見客，類似一種「要賞花，明日請早喔！」的概念。

既然都有早起的默契，那乾脆一鼓作氣，拚一場紅蓮花海日出吧！

紅蓮花海日出，讓人永生難忘

第一年來到紅蓮花海，獨自一人包了小舢舨出海。隔年再訪，相約兩位未踏足過東北的朋友同遊。凌晨五點半搭上酒店提供的私家包車，六點十分抵達岸邊。天色微亮，岸邊已經人聲鼎沸，有扛著器材的攝影師、正在梳化妝，等待登船拍攝婚紗照的新人與隨行人員。我們包了艘遠航程的大船，出海看日出。

日出前的微光已現，潑墨畫般層次渲染，湖面如鏡，忠實反映天光。船夫貼心，在蓮花構成的航道上，關掉引擎，和我們一同等待太陽升起。紅蓮花海不是海，所以沒有浪，船隻漂浮水面，此時靜謐美好，帶點迷幻，若不是水鳥飛躍，我以為時間已停止。當太陽掛上斜角 15 度的天空，此時轉身，背對太陽，眼前蓮花正因暖陽照耀，散發溫柔力量。船夫小哥見我們的滿足嘴角，順勢啟動引擎，船身在粉紅色的航道前進。水鳥不時俯衝，捕捉水面下的小魚，遠處湖上小島聳立著佛塔，景色如夢境，好不真實。

擁抱自然生態的粉紅色奇景

　　由於生態護育，紅蓮花海中的航道固定，不能想衝哪就衝哪，我分別在三年的花季來到紅蓮花海，發現每年航線都不同，相信這也是護育人員的巧思。雖然不能任意選擇路線，但可以適時提醒船夫何時該停下，或是往前一點、向後一些，只為了拍攝滿意的照片。每當在盛開區域停下，引擎聲響沒了，傳入耳朵的盡是風聲、鳥叫，使得航程不單單只有賞花，更是擁抱自然生態的體驗之旅。最後，我們靠坐在船身（塑膠船非常乾淨，要躺下都可以），放下手機、收起相機，以最放鬆的狀態，欣賞粉紅色地平線的奇景。

用 GoPro 拍攝的奇特角度紅蓮花海

如何拍出好照片？

　　不論是用相機或是手機拍照，順著光線拍攝是唯一要訣。如果粉紅色地平線要出現在構圖中，那麼這條地平線，無論如何都要是水平的才行，視覺平衡更是美麗照片的條件之一。若使用需更換鏡頭的相機，別忘了攜帶能將景物壓縮的長焦鏡頭

粉紅色地平線的紅蓮花海

（70mm 以上），才可以拍出以蓮花為主角，粉紅色地平線呈現散景的經典照片。長焦鏡頭也能捕捉遠處小舢舨的新娘身影，而不被任何人發現（偷拍新娘的概念）。迷你的 GoPro 運動攝影機，可利用廣角變形的特性，捕捉獨特趣味的影像。

前往交通

曼谷出發前往烏隆

飛機

　　越戰時期，烏隆曾經是美國空軍駐紮地，在美軍協助之下，成為泰國東北地區機場設施發展最早且完善的城市。由於機場距離邊境關口僅一個小時的車程，所以這裡也順理成章成為寮國的交通轉運樞紐，許多前往永珍（Vientiane）的旅客，會利用烏隆轉機，讓飛往烏隆的航班特別頻繁。

　　泰國每間航空公司都有從曼谷飛往烏隆的航線，交互競爭下，票價相對低廉，航程僅七十分鐘。機場大廳也有排班計程車前往市區，費用 200 銖，車程二十分鐘；也可以搭乘小巴接駁，每人 80 銖。此外，烏隆市區可使用 Grab 叫車，從機場前去市區的 Central Plaza，車費大約 80 銖。相較之下，當然是善用叫車軟體最經濟實惠，而且方便。

長途巴士

　　從曼谷搭乘巴士，可於北部與東北部巴士總站（Northern & Northeastern Bus Terminal）搭乘。

可前往寮國永珍的跨國巴士

Nakhonchai Air 巴士公司的車體寬敞、服務細膩，每日三個班次前往烏隆，票價 454 銖，車程八小時。若是搭乘火車，曼谷出發的車程時間至少十小時。

長途巴士公司 Nakhonchai Air
官方網頁：https://www.nakhonchaiair.com/

烏隆市區前往紅蓮花海

隆漢湖距離烏隆市區 45 公里，可選擇自駕或包車方式進入湖區，需時四十分鐘。包車服務可向入住酒店洽詢，費用分為半天與全天，半天費用約 1,500 銖，行程自由調配。此外，每年十二月初至隔年二月底為花季，泰國旅遊局與在地業者合辦的半日遊（Half Day Tour），費用包含來回接駁與共乘船費，每人 499 銖。花季期間的早上八點於購物中心 UD Town 的麥當勞集合出發，九點抵達碼頭，中午前會回到市區。半日遊的抵達時間太晚，唯有利用自駕或包車，才能把握住珍貴的賞蓮時段。

搭乘遠航程的大船遊湖

紅蓮花海的包船方式

　　濕地保育區不收取門票，只需付出包船費用就能出船賞蓮。船隻有分大小，大船是一體成形的塑膠船，船身有遮陽棚，開闊的特製船頭，可讓大家坐在蓮花前面拍照，最多乘坐十人；小船則是細長舢舨，可乘坐三人，濃濃泰式靈魂，最適合拍攝寫真。小船後方依舊外掛馬達，大船可達的花海深處，小船一樣到的了。船隻依照大小與航程遠近收費，不限時間，近航程的大船為 300 銖；小船 100 銖。遠航程的大船費用 500 銖；小船則是 150 銖。建議購買遠航程，離岸邊越遠的蓮花，越美。

小舢舨體驗

地區介紹

烏隆，靠近寮國邊境的最熱鬧大城

越戰期間的快速繁榮，為這座城打下基礎。即使戰後四十年，烏隆依然是方圓百里內的最繁榮城市，也是唯一擁有夜生活的地方，甚至對岸的寮國首都，也無法與之相比。市中心坐落著購物中心龍頭 Central Plaza Udon Thani，充斥與曼谷同步的服飾與連鎖餐廳，吸引寮國人跨越邊境來到烏隆購物。車站旁的夜間市集天天營業，火車站周邊幾間啤酒餐廳，聚集足球迷的叫喊聲與酒促姐姐的熱情招呼，讓夜裡的烏隆特別熱鬧。

烏隆最知名的臥佛像

有著水藍色屋頂的臥佛殿

森林中的藍色臥佛殿：Wat Pa Phu Kon

　　泰國旅遊局選為夢幻景點的佛寺 Wat Pa Phu Kon（วัดป่าภูก้อน），位於烏隆府西北邊的森林，距離市區兩小時車程。寺院建於山上，環境清幽，水藍色的屋頂獨樹一幟，讓人難忘。大殿供奉一尊白色臥佛，由泰國工匠前往義大利的石場進行製作，完成後將大理石佛像分成四十三個部分，每塊重量達 15 至 30 頓，以航運方式運回泰國。建廟過程是先將大理石佛像處理完畢，最後才將寺廟建築一磚一瓦的往上蓋，是非常耗費人力與時間的工程。臥佛頭頂上的火焰，為素可泰時期風格，佛身與躺臥姿態，則是新世代的臥佛意象。新舊文化交融的 Wat Pa Phu Kon，為泰國新世代廟宇的代表作之一。

官方網頁：http://www.watpaphukon.org/
開放時間：07:00 ～ 17:00

在地人的越式早午餐：Kings Ocha

同樣受到越戰影響，為數不少的越南人在戰後留在此地，落地生根。烏隆有幾間出名的越南菜餐廳，其中歷史悠久的 Kings Ocha（คิงส์โอชา）是間排隊美食，凌晨四點開業，賣完為止。只要是泰國人寫的旅遊介紹，就一定會見到這間早午餐店！Kings Ocha 吃不到河粉，主打燉肉與法國吐司，菜單上 สตูว์（Stu），發音正是英文的 Stew「燉」，畢竟越南曾是法國殖民地，菜色多少受法國菜影響。新鮮番茄醬加入魚露、香茅香料調和，與雞肉或豬肉一起燉煮，成了具有東南亞風情的燉肉料理。燉肉湯頭清淡帶著酸甜，雞肉入口即化，烏隆人習慣配白飯一起吃。店家的法國麵包裡面夾的是東北香腸與豬肉片，邊緣微微烤焦，飄著炭火香氣。還有東北必吃的鐵板蛋，上桌前在灑上肉末，以醬油調味，是相當合胃口的早午餐。

營業時間：04:00 ～ 10:00

大玩復古風情，泰越 Fusion：Madam Pahtehh 2515

位於 Central Plaza 的斜對面，店內大面積的斑駁木牆，似曾相識的學校桌椅，老一輩的三輪車、留聲機、電視機，還有外婆的裁縫機變成餐桌，這是間大玩復古風情的泰式茶餐廳，販賣創意版本的越南料理。越式牛肉河粉大碗有料，碗中牛肉不是我在越

美味的的越式燉肉

創意料理好吃到失心瘋

南吃到的汆燙肉片，而是大塊厚實的牛肉（這很重要）。越式法國麵包改成蛋餅皮與可頌麵包的版本，讓人欲罷不能，還搭配鐵板牛排一起上桌，沾醬卻是道地東北辣口味，這是間連越南人都會失心瘋的創意越菜餐廳。

官方臉書：MadamPahtehh
營業時間：07:00 ～ 15:00

到湄公河岸走走吧：廊開

廊開市區迷你，最熱鬧地方就是與湄公河平行的河岸一條街。長達三公里的河岸街上，有為數不少的河景酒店、餐廳，其中印度支那市集（Indochina Market）的週末人潮最多。市集只做白天的生意，太陽下山之後就是一片寂靜，適合想要體驗河岸漫活生活的旅人。Central Plaza 前的小巴車站，每二十分鐘就有一輛車出發前往廊開，每人費用 50 銖。

詭異的石雕公園：Sala Kaew Ku

創作者為廊開出生的藝術家 Bunleua Sulilat，在 1978 年帶著弟子們在湄公河的兩岸，打造出兩個宗教公園，分別是對岸永珍的 Xieng Khuan 與廊開 Sala Kaew Ku（ศาลาแก้วกู่）。兩座公園以泰國方面的保存較佳，而且有明顯修繕維護。公園主題融合印度教與佛教傳說，講述的是天堂與人間、神佛與魔鬼以及生死輪迴的展現。

Central Plaza 的耶誕節燈飾

由於建材是灰黑色的水泥，讓園區帶著滄桑的詭異感，部分作品特別巨大，有種來到環球影城「進擊的巨人」劇場的感覺，很妙！

開放時間：07:00～17:00

融和印度教與佛教傳說的宗教公園

湄公河岸排隊美食：Daeng Namnuang

河畔 Daeng Namnuang 是間近 80 年歷史的越南料理專賣。雖然標榜越菜，但依舊泰式。這裡的每道菜都提供獨特沾醬，使用的香料總類，比在越南吃的越菜還要豐富，香辣夠勁，難怪如此受泰國人喜愛。推薦越式春捲、甘蔗蝦，還有越式香腸涼拌。香腸特有嚼勁，配上香辣帶酸的料理手法，是越菜進入泰國的變形，越南吃不到，Thailand Only。Daeng Namnuang 的香蕉乾非常好吃，離開前別忘了多買幾包。

營業時間：06:00～19:30
官方網頁：http://www.daengnamnuang.net/

來東北就是要吃泰式 Fusion 的越南菜

路線安排
建議天數

烏隆紅蓮花海
與湄公河三日遊

蓮花盛開時節，建議在平日時段來到烏隆，一來可以避開週末賞花人潮；二是車站前市集天天營業，烏隆不像清邁、清萊，只有週末才有步行街。平日前來烏隆，夜晚活動並沒有太大差別，還是能將假期中的寶貴週末，留給驚喜無限的曼谷。

烏隆是距離湄公河有一小段距離

的過境城市（僅一小時車程），說實話，這裡沒有太多景點。受國際媒體背書掛保證的紅蓮花海，正是促進烏隆旅遊的巨大推手，讓來到烏隆的旅人，不是只為了轉車進入寮國而已。

如果在非花季時來到烏隆，建議前往位於烏隆府東邊約五十分鐘車程的班清國家博物館（National

在烏隆可搭乘 Udon City Tram 巡遊市區

沒搭船遊湖，也有小舢舨可以拍照

Museum of Ban Chiang）。此處曾發現遠至公元前 3600 年的青銅器具，並於 1992 年被聯合國教科文組織列入世界文化遺產。班清的時間軸比美索不達米亞文明，以及中國夏商時代還要早，故有此一說是，烏隆的班清文明才是世界青銅文化的起源。

第一日	烏隆機場 → Kings Ocha 早午餐 → Wat Pa Phu Kon → 烏隆市區逛夜市
第二日	紅蓮花海日出 → 前往廊開 → Daeng Namnueng 餐廳 → Sala Kaew Ku 石雕公園 → 印度支那市集 → 回到烏隆市區（或是湄公河畔住一晚）
第三日	Madam Pahtehh 2515 餐廳 → Central Plaza 搭乘 Udon City Tram 遊市區 → 烏隆機場

特色住宿

盛泰樂烏隆酒店及會展中心（Centara Hotel & Convention Centre Udon Thani）

地理位置便利的盛泰樂烏隆酒店

　　隸屬於 Centara 集團，位於購物中心 Central Plaza 旁邊，酒店提供游泳池，有通道與購物中心相連接。挑選不包含早餐的房型，只要 1,800 銖就能入住烏隆唯一的四星酒店。

官方網頁：https://www.centarahotelsresorts.com/centara/cud/

二度感受床站公寓式酒店（2 Feel Bed Station）

小民宿靠近巴士站，步行只要一分鐘，沒錯！一分鐘。住宿不含早餐，雙人房 790 銖就能住上一晚，適合搭乘巴士抵達的旅人投宿。

官方臉書：hotel.udon

唯一公寓酒店（The One Residence）

同樣位於市中心，距離巴士站與 Central Plaza 都是五分鐘腳程，雙人房不提供早餐，房價 600 銖就有交易。

官方網頁：http://www.theoneud.com/

廊開阿曼達酒店（Amanta Hotel Nongkhai）

廊開的四星酒店，位置不在河邊，不過頂樓餐廳可見到河景。距離 Daeng Namnuang 約十五分鐘步行距離，房價 1,300 銖包含早餐。

官方網頁：http://www.amantanongkhai.com/

文化小知識

紅蓮花海之所以受到泰國人喜愛，最大的原因還是在於，泰國人愛蓮花。蓮花本身有佛教含意與文化累積，泰國文化中的拜（ไหว้；Wai）這個動作，雙手合十並刻意於兩掌心之間保留空隙，即是模仿一朵含苞的蓮花。人們見面互相獻上一朵蓮，優雅至極，寓意深遠。

雙手合十的 wai 禮，就是模仿含苞待放的蓮花

來來來！照片告訴我們，在紅蓮花海拍照的時候，記得穿亮色系衣服，才能從紅花背景中突顯出來

3月

華欣‧泰國國際風箏節
Thailand International Kite Festival

泰皇室最愛的度假勝地，最適合闔家同遊的魔幻節慶

　　萬萬沒想到的是，滿天風箏的場面竟然如此魔幻，絢爛且震撼。

　　這年頭的風箏造型浮誇，變形金剛、超人、蝙蝠俠、海綿寶寶、小小兵與馴龍高手，跳脫真實世界的版權限制，翱翔於同一片天空之上。小丑魚、章魚、魷魚與巨大藍色抹香鯨，將藍天變成海洋，大開我的眼界。會場另一邊，傳遞風箏語言的師傅們，

帶領年齡相差三輪的小朋友，親手製作風箏。師傅眼中閃爍光芒，握著蠟筆彩繪風箏的孩子笑容綻放，父母更是找回童趣記憶，三個世代在風箏節有了美好交集。

　　突然之間，我懂了，無論天空飛的風箏再狂、再絢麗，都只是吸引人群的手段，文化傳承，才是舉辦活動的最大意義。風箏節，是最適合闔家參與的節慶。

跟著師傅放風箏

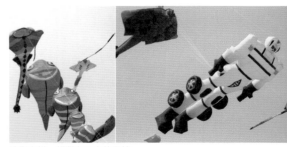

造型多樣，翱翔在天空的風箏

見到滿天風箏，大人和小朋友都會同聲讚嘆

亞洲最大風箏盛會在華欣

　　泰國疆域像極了一頭大象，象鼻子區域的狹長地勢，西邊高山與緬甸接壤，東半部為泰國灣內的海岸平原。每年二月至四月間，涼季轉熱季，風向轉變，位於象鼻子的華欣（หัวหิน；Hua Hin）與七岩（ชะอำ；Cha Am），海風強勁，適合放風箏。固定每年三月在七岩沙灘舉辦的泰國國際風箏節（งานเทศกาลว่าวนานาชาติประเทศไทย；Thailand International Kite Festival），於 2018 年首次將場地往南遷，改至華欣的陸軍士官學校（โรงเรียนนายสิบทหารบก；Army Non Commissioned Officer School）舉行。只因這裡有著比七岩更寬廣的腹地，配合華欣度假勝地的高人氣，泰國政府將風箏節推廣成為亞洲最大的風箏盛會。

　　風箏飛行時，承受的巨大拉力讓風箏線變得銳利，以往在沙灘施放巨型風箏會因海風驟變，而有安全考量，這也是為何將場地改至華欣的原因。沒關係，無論活動場地是七岩還是華欣，天上的風箏一樣是飛好飛滿，超過百隻風箏同時在天空翱翔。

由傳遞愛的信物變成全民運動

　　風箏源自於中國，藉著通商與移民而傳入泰國。最早可回溯至素可泰王朝的首位君主膺沙羅鐵（Sri Indraditya），國王自幼對科學感興趣，放風箏也成為日常。某天，風箏飛啊飛，竟掉落某戶人家的宅院，為避免驚動眾人，國王刻意等到深夜，翻牆入宅撿風箏。當下撞見這戶人家女兒，並上演一見鍾情的戲碼，過不久就上門提親。風箏促成姻緣，國王娶得王后並生下三個兒子，二兒子正是將王朝推向極盛的蘭甘亨大帝。風箏來到泰國，變成傳遞愛的信物，不只浪漫至極，還金促咪呢！

　　也許是風箏真切符合泰國人的浪漫性格，從王宮貴族到市井小民，都熱衷放風箏。時間來到近代，十八世紀的泰皇拉瑪四世，開放大皇宮前的皇家田廣場，讓民眾施放風箏。拉瑪五世朱拉隆功大帝於 1906 年首次舉辦風箏競技比賽，廣邀民眾參與，將風箏運動推至高點。

相當有特色的風箏

Tuk Tuk 造型風箏，真的可以飛喔！

風箏還有分性別？朱拉與帕拋風箏

　　最能代表泰國的風箏，是源自於阿育陀耶時期的朱拉（จุฬา；Chula）風箏，其造型至今依舊能在古裝電影、時代劇之中見到。朱拉是一種五角型風箏，由三個部分組成，前緣尖喙、半圓羽翼與魚鰭尾端。迎風高飛時，遠看像隻燕，近看則是條魚，還會發出聲響。朱拉風箏體積大，長、寬近

畫著素可泰王朝的朱拉風箏

兩公尺,需要二十個人同時操控才能放飛。

風靡於拉瑪五世時期的風箏競技,由兩隊人馬操控不同風箏,彼此較勁。除了朱拉,另一種為帕拋(ปักเป้า;Pakpao)風箏。帕拋為體積較小的菱型風箏,拖著長長尾巴保持平衡,只需五個人就能操控。有趣的是,泰國人將風箏賦予性別,穩重的朱拉為雄性,有著漫妙尾巴的帕拋則是雌性風箏。

重現百年前的鬥風箏技藝

時空拉回到風箏節現場。穿著傳統泰服的師傅率領眾徒弟,在戰鼓聲與眾人歡呼聲中登場,重現百年前的風箏競技。主持人以泰、英文雙聲帶,介紹鬥風箏歷史與規則,語調生動,讓觀眾更加了解一個幾乎絕跡的運動,而這就是文化傳承。

朱拉宛如巨鳥,穩扎穩打,氣勢懾人。風箏越飛越高,操控人員需施加更多力量、壓低身體才能控制方向,全程與風拔河,一刻不得鬆懈。相較之下,帕拋風箏無比優雅,飄逸長尾巴彷彿把泰式文化的順滑完美詮釋,移動快速讓人驚嘆。朱拉與帕拋在空中追逐飛舞,伴隨傳統樂音的鼓聲,誰也不讓誰。主持人把鬥風箏當作奧運競技在播報,氣氛熱到了極點。

猜一猜最後哪隻風箏贏了？是帕拋。朱拉雖然巨大，卻不敵帕拋的苦苦相逼，一個不穩而跌了下來。

遇見台灣製造的特技風箏團隊

風箏節掛上國際二字，當然廣邀各國高手，參與施放巨型風箏與特技風箏（Stunt Kites），為活動增添更多的精彩。我們遇見來自台灣的 Team 8+ 特技風箏隊，第四年前來擔任競技風箏特別節目演出。團隊由陳正廷老師與同好陳明孜、劉哲宏和邱永青組成，每人控制一隻雙線運動風箏。四隻風箏先在空中標齊、對正，並同時移動，散開後的分別俯衝、轉向與彼此追逐，最後再度對齊，隨著伍佰的「台灣製造」音樂舞動，連間奏電吉他的停頓拍點都抓得完美。這不只倚靠操控技巧，更是團隊默契的考驗。

台灣 Team 8+ 特技風箏隊與隊服

3月
泰國國際風箏節

參加風箏節的注意事項

活動會場是個巨大軍營，周邊有夠偏僻。不過別擔心，主辦單位將週末市集、餐車與咖啡店通通搬進來，不僅能夠吃到在地美食，也有土產、伴手禮專賣。現場架起舞台，邀請樂團登台獻唱，並提供免費接駁巴士，整點來回接送至華欣的兩大購物中心。

相當適合親子同樂的風箏節

巨型風箏施放區，因安全理由，不讓民眾進入。旁邊的高起平臺，設有巨大遮陽棚，讓大家坐在陰涼處，舒服的欣賞風箏秀。手做 DIY 活動以泰文為主，不過現場早已不分國籍的玩成一片，在孩童世界裡，語言不是成長探索的限制。三月是熱季開始，每天十一點至下午三點，是全日最炙熱時刻，在無遮蔽的空曠處放風箏，不只要注意防曬，也要小心中暑。

風箏節活動與泰國人普遍喜愛的盛裝遊行、嘉年華會式的華麗節慶相比，可說是靜態且低調許多，即使舉辦二十年，知道的人還是不多，除了風箏迷，會專程來參加活動的人也不多。正是因為人潮不擁擠、場地夠大，且華欣擁有許多度假型酒店，風箏節是最適合親子一同體驗的泰國節慶，沒有之一。

彩繪帕拋風箏的孩子們

師傅現場製作風箏

曼谷出發前往華欣

機場搭乘巴士

前往華欣的交通選擇多，甚至可從蘇萬那普機場（Suvarnabhumi Airport；縮寫 BKK）搭乘豪華巴士直奔華欣，不需進入曼谷。Bell Travel Service 巴士營運時間從早上六點半至晚上六點半，每個小時一班車，費用 269 銖，車程約四個小時，售票地點在機場八號門旁邊的 Roong Reuang Coach 櫃檯。曼谷另一個機場，也是廉價航空大本營的廊曼機場（Don Mueang Airport；縮寫 DMK），則沒有直達華欣的巴士服務，需轉乘至曼谷巴士總站搭乘。這點千萬要記住！

從機場搭乘豪華巴士直奔華欣的購票處

Bell Travel Service
官方網頁：http://www.belltravelservice.com/

巴士總站搭乘巴士

曼谷兩大巴士總站，一是北部與東北部巴士總站（Northern & Northeastern Bus Terminal）， 二是南部巴士總站（Southern Bus Terminal），兩者皆提供往返華欣的巴士服務。下車處為華欣機場外的 RRC 巴士站（RRC Bus Station），巴士站位於七岩交界，距離市區尚有十多分鐘車程。巴士站提供小巴轉乘服務，分別送旅客前往入住酒店，每人 100 銖。

巴士總站搭乘小巴

豪華巴士有額外空間置放行李，車內空間大，行車平穩，絕對是最舒適的選擇。如果隨身行李不多，可嘗試另一種更便捷的交通方式（但不一定舒適），就是搭乘小巴（Mini Van）。搭車地點除了前面提到的兩大巴士站之外，連東部巴士站（Eastern Bus Terminal）也都有小巴前往華欣，沒辦法，只因華欣實在太熱門。營運時間從凌晨五點至晚上七點，車程時間約三個半小時，費用 180 銖。下車處是 51 巷的小巴車站，車站離市區較近，某些酒店甚至用走的就可抵達。

總是人潮擁擠的曼谷巴士站

包車接送服務

　　同行人數多或是有小朋友與長輩同行，建議包車前往華欣。一般來說，曼谷出發，可容納三位乘客的轎車費用約 2,500 銖，十人座箱型車則是落在 3,500 銖上下，以上價格包含油資與高速公路的過路費。如果以中途停留景點的方式，一路玩到華欣，價格再增加 1,000 至 2,000 銖，視景點遠近與停留時間而定。客路（Klook）或 KKday 網站，皆有提供機場或曼谷酒店出發的包車預訂服務。

KKday 包車接送服務：
https://www.kkday.com/

其他陸海空方式

　　從曼谷的華藍蓬（Hua Lamphong）車站搭乘火車前往華欣，普通車廂車資 44 銖，冷氣車廂則為 412 銖，表訂時間三個小時半，加上誤點則至少四個小時起跳。華欣與芭達雅之間，可利用 Royal Passenger Liner 渡輪接駁，將原本的五小時車程，縮短為兩小時航程，單程費用 1,250 銖起。從 2018 年五月開始，亞洲航空（Air Asia）開通華欣往返吉隆坡的航線，每週四個班次，讓華欣的小機場升級為國際機場。

Royal Passenger Liner
官方網頁：https://www.royalferrygroup.com/
Klook 客路旅行接送
官方網頁：https://www.klook.com

貼心小提醒！黃色車牌，代表是合法的營業用車，泰國政府規定要有責任險與 GPS 定位

如果時間充裕，搭火車去華欣絕對是場難忘的旅遊體驗

華欣在地交通

雙條車是華欣市區最普遍的交通工具，以車輛顏色區分，旅人最常使用的路線為綠色線。綠色雙條路線從華欣機場到南邊的筷子山（Khao Takiab），途經往日情懷市集（Plearn Wan）、忘憂宮（Klai Kangwon Palace）、華欣夜市、華欣鐘塔、兩大購物中心 Market Village 與 BluPort，以及週末限定的蟬鳴市集（Cicada Market），十五公里路程隨招隨停，費用 10 銖至 20 銖，下車時付給司機即可。營運時間為早上七點至晚上九點，十至二十分鐘有一班車，基本上，利用搭乘綠色雙條就可以玩華欣一整天了。

華欣沒有計程車，不過倒是常見到寫著 Taxi 大字的 Tuk Tuk 車在路上跑，費用 150 銖起跳，需要喊價。單趟 150 銖的 Tuk Tuk 車並不便宜，很多人選擇機車代步，租車費用為每日 250 銖。當然也能請酒店協助包車事宜，串聯起華欣與七岩的周邊景點，包下一台可乘坐三人的小轎車，八小時含油資的費用約 2,000 銖，是闔家出遊的最佳選擇。華欣目前已可使用 Grab 軟體叫車，只是車輛還不算多，在遊客卻超多的狀況下，價格就會偏貴些。

風箏節免費接駁車服務，提供會場與兩大購物中心間的來回接駁，營運時間從十點至下午五點，整點發車，車程十五分鐘。

寫著 Taxi 的特色 Tuk Tuk

只要善用綠色雙條車，就能玩轉華欣一整天

最適合闔家旅行的海岸線

清晨華欣沙灘上的騎馬趣

曼谷為中心，兩小時車程為半徑劃一個圓，有兩條名聲響亮的海岸線，就是泰國灣東邊的芭達雅與西邊的華欣。芭達雅發跡最早，而近期快速發展的華欣，更有不遑多讓的氣勢。同樣是海岸之城，華欣因有著皇室避暑行宮坐落，城市氛圍與燈紅酒綠的芭達雅相比，完全是天壤之別。泰皇拉瑪六世的愛與希望之宮（Mrigadayavan Palace）與拉瑪七世的忘憂宮（Klai Kangwon Palace）皆位於這條貫穿七岩與華欣的海岸線，使這裡成為泰國治安最好的區域，瀰漫悠閒與舒心氣息，適合闔家旅行。

濱海度假雙城：華欣與七岩

不說你可能不明白的事實，根據統計，泰國的水療度假村（Resort & Spa）密度最高區域，是從碧武里府（เพชรบุรี；Phetchaburi）的七岩北端，到班武里府（ประจวบคีรีขันธ์；Prachuap Khiri Khan）的華欣南邊的

拉瑪四世山中之城：拷汪行宮

海岸線，超過八十公里沿線度假村林立，不乏世界連鎖品牌進駐。華欣與七岩雖然分屬不同府治理，卻因都有皇室行宮坐落，加上都是海濱度假城，因此被歸納在一起。華欣名聲最響亮，使近期新開發的七岩酒店，也掛上華欣的名稱。無論如何，華欣與七岩密不可分，甚至連風箏節活動都在兩個城市輪流舉辦。安排行程時，建議一起造訪，一次走跳兩座城。

拉瑪四世的山中之城：拷汪

拷汪（Khao Wang）顧名思義為皇宮山，又稱帕那空奇里歷史公園（Phra Nakhon Khiri Historical Park）。泰皇拉瑪四世在此建設夏日行宮，於山頂的三個峰之間，打造出行宮、寺廟、數座佛塔與一個觀星天文台，而有山中之城稱號。建築以泰式靈魂為基底，大膽納入中國風格的寫意，並將新古典主義洛可可風格巧妙揉搓結合，可說是收納四方文化的大器展現。拷汪行宮位於碧武里府城，距離七岩僅三十分鐘車程，成為曼谷往來華欣途中的必訪站點之一。建議停留時間為兩小時。

票價：200 銖，包含博物館門票 150 銖與纜車來回費用 50 銖。
開放時間：08:30 ～ 16:30

上山下海探洞穴：三百峰國家公園

　　距離華欣四十分鐘車程的三百峰國家公園（Khao Sam Roi Yot National Park），因地質多樣性的關係，可一次滿足爬山健行、探索洞穴、下海踏浪與尋找完美沙灘的心願，讓愛冒險的小宇宙一次爆發。由北到南的四大景點，分別是濕地教學中心（Nature Study Center Bang Baw）、華欣最美麗的沙灘：蘭莎拉沙灘（Laem Sala Beach），曾經出現在泰國教科書的穴帕亞那空山洞（Phraya Nakhon Cave），內有日光灑落的穴中寶座（Throne Pavilion），與同時坐擁山、海景緻的紅山觀景點（Khao Daeng Viewpoint）。建議停留時間為六小時。

票價：200 銖，一票玩到底。
開放時間：08:00 ～ 16:30

紅山觀景點的一覽海景與山景

穴中寶座

餐點美味，相當適合與朋友聚會的熱門餐廳

航空夢與玻璃屋：Air Space

華欣近期最熱門的餐廳是 Air Space，主體為兩棟挑高玻璃屋，綠色成蔭映入室內，眼界如同森林。業者將木造飛機掛在天花板，呼應 Air Space 的航空主題。我們在二十四小時之內造訪 Air Space 兩次，從咖啡、甜點，到排餐與紅酒、創意調酒，通

都嘗試過了。有四季酒店大廚加持過的餐點，果然細膩有層次，餐廳瀰漫慵懶愜意氛圍，讓人打從心底喜歡。

官方網頁：http://www.airspacehuahin.com/
官方臉書：airspaceth
營業時間：08:00 ～ 23:00

路線安排
建議天數

華欣七岩風箏節四日遊

　　不堵車的情況下，華欣距離曼谷的車程至少三個小時，遇尖峰時間，則變成四小時起跳。每當有朋友燃起任何一絲「華欣一日遊」的念頭時，我總是義不容辭的勸退。一日遊太瘋癲，二日遊真緊張，三日遊剛剛好，四日遊夠舒心，也不枉花費來回八小時的車程時間。

週末限定的蟬鳴市集

第一日	曼谷出發 → 雪白造型特色星巴克 Proto Chino → 山中之城拷汪宮 → 愛與希望之宮 → 入住酒店 → 華欣夜市
第二日	忘憂宮 → Air Space 餐廳 → 風箏節會場 → 週末限定蟬鳴市集
第三日	三百峰國家公園 → 風箏節會場 → 往日情懷市集
第四日	Vana Nava Water Jungle 水上樂園 → BluPort Hua Hin Resort Mall 購物 → 返回曼谷

特色住宿

華欣索菲特特色酒店（SO Sofitel Hua Hin）

華欣酒店趨近飽和，新進業者只得往七岩或南邊的三百峰開發海岸線。見到名稱掛華欣，實際位置卻在七岩的酒店別太意外，華欣索菲特特色酒店正是個例子。

華欣索菲特特色酒店擁有兩個泳池、三間餐廳與酒吧，以及漲潮時就與世隔絕的私人沙灘。風格時尚帶著實驗性質，以愛麗絲夢遊仙境的逃離現實為主題，融入大膽色彩，每個月舉辦沙灘派對。遠離市區的酒店，總以低價搶市，就算法國奢華品牌也不例外。華欣索菲特特色酒店是泰國最親切價位的索菲特酒店，更是地球上最低價的 SO Sofitel 系列，服務品質不變。基本房 5,000 銖就能住上一晚，提供特色兒童床的家庭房型，適合親子同遊。距離華欣市區約半小時車程，酒店提供定點接駁巴士與包車服務，需額外付費。

官方網頁：https://www.accorhotels.com/gb/hotel-9649-so-sofitel-hua-hin/index.shtml
官方臉書：SOSofitelHuaHin

華欣索菲特特色酒店的泳池和房型之一

華欣馬拉喀什Spa度假村（Marrakesh Hua Hin Resort & Spa）

華欣馬拉喀什 Spa 度假村是華欣最具異國情調的酒店。廣泛使用尖拱和穹窿，粉系外牆與活潑馬賽克拼貼，隨處可見的金屬藝品，地板用大理石碎塊拼成幾何圖案，瀰漫北非的摩洛哥風情，將入住體驗提升至另一種境界。Al Hamra Marrocan Restaurant 提供摩洛哥與泰式融合的無國界料理，值得一試。個人特別喜歡海邊 Al Bahr 酒吧，利用燈光與創意調酒，營造出一千零一夜的神祕情調。這裡距離 BluPort 購物中心僅五分鐘腳程，蟬鳴市集則是五分鐘車程，地點位置佳，基本房型 4,000 銖起。

官方網頁：http://www.marrakeshresortandspa.com/
官方臉書：marrakeshresortandspa

華欣瓦納納瓦假日酒店 & 度假村（Holiday Inn Resort Vana Nava Hua Hin）

直接蓋在水上樂園外面的假日酒店，入住期間享有無限次數進出樂園的福利，整個超吸引人。酒店於 2017 年底開業，擁有華欣最高的無邊際泳池與 Sky Bar，享有絕佳海景。此處標榜為親子酒店，有提供上下鋪兒童床設計的家庭房。基本房型不含早餐 4,000 銖起跳，價格已含每人 1,350 銖的水上樂園門票兩張，非常划算。

官方網頁：https://www.ihg.com/holidayinnresorts/hotels/us/en/hua-hin/hhqhi/hoteldetail
官方臉書：HolidayInnVanaNavaHuaHin Vana Nava Water Jungle
官方網頁：https://www.vananavahuahin.com/

夜裡的泳池景觀

伊斯蘭式圓拱建築與貓老闆

華欣里亞德酒店（Riad Hua Hin）

　　如果跟我一樣喜歡貓咪，選擇華欣里亞德酒店就對了。鮮黃燦爛的三層樓房，伊斯蘭式圓拱與高牆將泳池包圍，華欣里亞德酒店是個只有十間房的精品酒店，融合摩洛哥風情與貓咪意象，有貓老闆親自坐檯，可愛又親人。入住泳池邊的 Sleeping Cat 房型，更能近距離的親近貓咪。酒店位於筷子山，離綠色雙條車總站約十分鐘腳程，若要前往風箏節會場，則約十分鐘車程。酒店不在沙灘上，房價便宜，基本房含早餐只要 1,600 銖。

官方臉書：riadhuahin

華欣月亮旅社（The Moon Hostel Hua Hin）

　　位於華欣鐘塔旁的青旅，過個馬路就是夜市，走十分鐘會來到希爾頓前的華欣沙灘，住在華欣月亮旅社就是住在華欣的心臟區域。混合宿舍一張床位僅 390 銖，雙人房則 1,200 銖起跳，不含早餐。不過也不需要包含早餐，因為樓下就是星巴克，相當便利。

官方網頁：http://themoonhuahin.com/

要在三百峰國家公園的山洞見到日光灑落寶座的景色，只有在十點至十一點這一個小時內才有機會見到，所以這也算是「期間限定」

4月

大城・宋干節
Songkran Festival Ayutthaya

在世界遺產之城，與大象一起度過潑水節

曼谷是潑水活動花樣最多、最瘋狂的城市，連續三天的瘋玩下來，無論封街主戰場、購物中心還是主題派對，你會發現活動氛圍極其相似，呈現一種都市叢林外掛酒池肉林的模樣。參與的人群以外來客為主，音樂多是歐美進口的流行電音，人是玩瘋了，心卻帶點空虛，似乎與想像的宋干有些差距。

這種心情我懂！我全部都懂！

大城潑水節超好玩

大象與摩托車出現在同一個畫面當中

此時的你，需要安排一場外府版本的宋干小旅行，暫時抽離水泥高樓環繞的死板場景。曼谷周邊一小時車程的鄰近府城當中，以大城府的活動最具特色。這裡不僅有深厚歷史的世界文化遺產，更有療癒象群陪伴戲水，適合安排一天或半日前往。晚上可再回到曼谷戰區繼續狂歡，或是留在大城待一晚，滿足各種新潮前衛與泰式老派的宋干想像。

宋干小旅行：Tuk Tuk 車遊大城，出發！

對我們來說，大城，大家都去過（還好幾次），但是專程在潑水節前往，卻都是第一次。既然要體驗傳統宋干，「不要排太滿」是我們對行程的共同默契。最後決定只去四個景點，第一是跟著在地習俗，到亞柴蒙考寺（วัดใหญ่ชัยมงคล；Wat Yaichaimongkol）浴佛，再順路來到大城水上市場（Ayutthaya Floating Market）吃午餐。接著進入古城，先在瑪哈泰寺（วัดมหาธาตุ；Wat Maha

連大象也加入潑水節行列

That）與樹纏佛頭遺址拍照，然後在太陽最炙熱的時候，加入象群潑水戰，求得清涼暢快。

知名景點亞柴蒙考寺

亞柴蒙考寺

宋干（สงกรานต์；Songkran）是從梵文而來的外來字，有著「跨越而變得更好」的正向含義，所以稱做「過年」。走在路上攔下任何一個泰國人，問他「過年必做事項」有哪些，答案除了潑水之外，就是去寺廟拜拜。

寺廟祈福、浴佛並佈施僧侶，是泰國中部最經典的宋干傳統，更何況是習俗保持完整的大城府。所以，在抵達亞柴蒙考寺前的兩公里路段，就已經開始堵車。車陣當中，無論機車、客貨兩用小貨車還是我們搭乘的 Tuk Tuk，車上的人都沒閒著，只要鄰近車輛有水槍或水桶類的武器，就會帶著笑容盡情的潑水祝福，玩得好嗨心。

亞柴蒙考寺位於古城外的東南方，西元 1357 年由烏通國王（King UThong）所建，經過無數的破壞與重建，現今的亞柴蒙考寺供奉著佛像百尊，由大小佛塔包圍，是大城香火最鼎盛的寺院。入口處左手邊是臥佛殿，不過屋頂早已倒塌不見，僅存殘破磚牆與大柱陪伴；右手邊則是聳立於方形基座的鐘型佛塔，非常壯觀。殘牆與重建屋頂並存的大佛殿，被信眾擠得水洩不通，我們加入「浴佛」隊伍，先以蓮花獻佛，再用摻入香水（น้ำอบไทย；Namob Thai）與花瓣的水為佛像沐浴清洗，從佛頂到身體，祈求新的一年煥然一新。

新年的浴佛祈福

大城水上市場

　　宋干是家人團聚的日子，我們擔心特色咖啡館與餐廳因調整了營業時間會讓我們撲空，所以順道來水上市場吃午餐。果然，水上市場變成佳節

相約踩街的地方，人潮超級多。

　　這是一個以百年水上市場為主題的市集，仿古建築打造且佔地廣闊，園區內許多穿著傳統服飾的表演人員，有全體 Cosplay 的感覺，是適合攜家帶眷消磨時光的地方，也能吃到價格親民的泰式小吃。我們在美食街點了滿滿一桌料理，烤大頭蝦、鹽巴烤魚、青木瓜沙拉、瀑布豬頸肉與椰奶甜點，結帳金額平易近人。用餐區旁邊水道就是表演場地，一邊吃午餐，還能一邊看表演、餵餵小羊。

水上市場是覓食好去處

瑪哈泰寺

曾經是國都的信仰中心，現今瑪哈泰寺已是斷垣殘壁，完整佛像寥寥無幾，主塔僅剩半截塔身與紅土地基，即使如此，依舊流露磅礴氣勢。踏入殘破的寺院遺址，聽見周圍解說的導遊們，無論英文還是中文，總用憤慨語調講述緬甸軍的殘暴，講得好像自己親身經歷過。但是當你見到被樹根纏繞的佛頭，眼神微閉的超然神情彷彿超脫一切，是要後人放下歷史的仇恨。

「如果沒有在樹纏佛頭前面拍照，就等於沒來過大城一樣。」朋友這樣說著。我們在大樹前蹲下，放低

瑪哈泰寺樹纏佛頭

身體，以佛頭為背景拍下照片，心願達成！

宋干限定：來自大象的潑水祝福

遊客警察局（Tourist Police Station）前方架設起大型音響與水牆瀑布，音樂是凝聚眾人的重要因子，這裡聽不到歐美電音，轟轟作響的是鼻音很重的鄉村歌曲，男女老幼成群隨著節奏一邊潑水，一邊扭動身體，嘴巴不時哼唱幾句，一切那麼渾然天成，這是道地大城味的封街水戰。至於大象呢？與象伕一同隨音樂晃動著。

警察局位於古城中央的大圓環旁，這條可是重要幹道，卻將六線道路封閉剩四條，僅開放兩線通行，任何穿越車輛都會通過水牆瀑布與象兒噴水區。不管你是單車、機車、小貨卡還是 Tuk Tuk，只要敢進來，就保證濕透出去。與曼谷封街狂歡玩法不同，外府地廣，經典的潑水方式，是親朋好友跳上有著露天後座的貨卡車，車上準備了裝滿清水的水桶、水箱，如此南征北討四處潑水，沿著大街小巷一路狂歡。

我們的 Tuk Tuk 車沒有直接往瀑布裡面衝，反倒是貨卡車上的民眾向我們招手，邀請上車一同體驗大象的潑水祝福。卡車來到象群前，因著象伕的巧妙操控，象兒吸取水桶中的水，下一個動作竟是對全車的人噴灑。老天爺啊！這場面實在太狂，勢必要親身體驗。

在一年中最熱的日子，無所謂曼谷、大城還是清邁，加入在地人的清涼水仗，洗去疲倦、生活壓力與任何覺得人生很難的理由。潑了水，得到眾人祝福，要相信新一年更美好，這是泰國人教會我的事。

大象是泰國人心中的聖獸，象兒潑水是來自聖獸的祝福

曼谷出發前往大城

巴士、火車

前往大城最快速便捷的方式,是在北部與東北部巴士總站(Northern & Northeastern Bus Terminal)搭乘小型巴士(Mini Van),約七十分鐘抵達,費用 60 銖,終點站為 Tesco Lotus Express 旁。

若想體驗短程的泰國火車,曼谷到大城是不錯的選擇。華藍蓬火車站前往大城的列車班次密集,加上誤點之後的車程約兩至三小時,硬座普通車無冷氣,費用只要 15 銖,軟座冷氣車則為 345 銖。火車站位在護城河東岸,抵達車站後,往河邊走三分鐘,即可見渡船碼頭,搭乘橫渡船到對岸

古城區,每人 5 銖。碼頭旁有機車、腳踏車出租行與等待載客的 Tuk Tuk 車提供接駁。

要在宋干出城打水戰,建議攜帶厚實的防水袋,裡面放入手機、錢包、防曬用品,再塞入乾淨換洗衣物,以便搭車前更換,會讓回程時舒服許多。

體驗泰式無冷氣普通列車前往大城,超接地氣的

大城在地交通

　　在遺址園區騎乘單車，是件很享受的事情，但是僅限於十二月至隔年一月的年度最涼爽的日子。宋干是全年最熱的時刻，飆破四十度的氣溫騎乘單車，可不是只有熱血兩個字可以形容，非常不建議。比單車速度快一點的選擇是機車，每日費用從 200 銖起，依車種決定。租機車需抵押證件，以有大頭照的身分證件抵押即可，護照還是隨身攜帶最好。

　　比機車速度再快一些就是搭乘 Tuk Tuk 車了，大城含括新城與舊城，吃喝玩樂景點相當多，乘坐 Tuk Tuk 到處跑，不只具機動性，車子本身就是一種泰式樂趣。Tuk Tuk 車費用需要喊價，每小時 200 至 250 銖為合理價格，每輛車可搭乘六人，呼朋引伴同遊大城最划算。

涼季適合騎單車遊大城

熱季就搭 Tuk Tuk 車遊古城吧！

大城，世界文化遺產之城

「大城」的稱號，是沿襲華人移民的潮州話發音。泰國人稱大城（อาณาจักรอยุธยา；Kingdom of Ayutthaya，1351～1767）為阿瑜陀耶，指的不只是一個府，更是擁有輝煌歷史的泰王朝，曾是中南半島

瑪哈泰寺已是旅遊必訪景點

夜晚的世界文化遺產之城

斷垣殘壁卻仍不失莊嚴的佛像

上的強權國家。大城是西元 1351 年建立的阿育陀耶王朝首都，盛世達四百一十七年，共歷經三十三位國王，是泰國歷史上最久的一個王朝。

阿育陀耶取代北邊的素可泰王國領土，於 1430 年入侵東邊的高棉王國，包圍吳哥城長達七個月，最終滅城並大肆破壞建築、掠奪財寶、俘虜人才回到王國境內。隨後高棉將首都遷至現今的金邊，目的就是為了遠離阿育陀耶的牽制。時間再過三百年，西邊的緬甸貢榜王朝入侵大城，掠奪財富、大肆破壞建築與寺院、砍下佛頭，並將藝術家、音樂家、工匠、學者等萬人俘虜挾持回緬甸。1767 年，阿育陀耶王朝淪陷。

現今的大城遺址，雖非全然的斷垣殘壁，但也是修復過後的樣子。不會放任古蹟淹沒於荒煙蔓草的泰國人，深諳歷史傷痛固然要被記著，觀光旅遊更要持續發展。時至今日，曾經做為古都護城河的昭披耶河，已可在河畔見到許多精品酒店、河景餐廳的蹤跡，古城區也充斥特色咖啡館與創意青旅，吸引喜歡穿梭於世界遺址之間，尋找神佛風采的旅人。

不是教堂而是皇家寺院：尼維塔瑪帕萬寺

尼維塔瑪帕萬寺（วัดนิเวศธรรมประวัติ；Wat Niwet Tham Prawat）位於大城府的邦芭茵縣（บางปะอิน；Bang Pa-in），與邦芭茵夏宮（พระราชวังบางปะอิน；Bang Pa-In Royal Palace）隔著昭披耶河對

需要搭渡河纜車才能抵達

外觀很像教堂的尼維塔瑪帕萬寺

尼維塔瑪帕萬寺內部

望。哥德式拱門與華麗飛拱，看起來就是座教堂，但卻找不到聖母、耶穌，而是金佛供奉其內。歐式花窗依舊，卻不見聖經故事、使徒神蹟，而以拉瑪五世圖像取而代之。尼維塔瑪帕萬寺由泰皇拉瑪五世朱拉隆功大帝下令興建，歌德造型略帶實驗性質，代表曾經兩次大規模出訪歐洲的拉瑪五世，對西方建築風格的迷戀。

主殿為三層樓挑高空間，中央尖肋拱頂將屋頂向上拉起，水晶吊燈垂掛於天花板。牆面以 LADURÉE 馬卡龍的淺綠色調為主，利用粉紅與金色細邊抓出軸線，加強結構感，地板為黑白大理石交錯拼貼。普遍使用於教堂的花窗玻璃藝術與合掌佛祖一同出現，完全沒有違和感。

寺廟保留當年泰王的皇椅，並設有博物館，如此獨一無二的皇家寺院園區，必訪無誤。尼維塔瑪帕萬寺位於昭披耶河孤島之上，無任何橋梁與內陸相連，上島方式是搭乘纜車橫渡。纜車由僧侶輪流操作，可於上岸處的奉獻箱投入香油錢。

官方網頁：http://www.watniwet.com/
開放時間：08:00 ～ 16:00

河岸草地餐廳：The Summer House Ayutthaya

餐廳位於城外南邊的昭披耶河畔，往來尼維塔瑪帕萬寺的路上，距離古城十分鐘車程，可順路安排在此用餐。The Summer House Ayutthaya 分為室內區與戶外的河畔草地區，大量的紅色磚、木傢俱與綠色植物交錯，草地佈置地墊、矮木桌與懶骨頭，清新二字是最適切的形容詞。週末傍晚邀請 Live Band 於草地演出，熱門且一位難求。餐點總類從咖啡、甜點下午茶，到正餐類的排餐、義大利麵，甚至大城府招牌大頭蝦，通通都有。推薦甜點 The 3 Blondies（75 銖），是將大城名產糖絲薄餅（โรตีสายไหม；Roti Sai Mai）以法式甜點的樣子呈現。

官方臉書：thesummerhouse.ayutthaya
營業時間：10:00 ～ 21:30

慵懶河景＋夕陽餘暉＝完美假期

大頭蝦現撈現選代客料理：蝦朋友

曼谷人習慣到大城來吃大頭蝦，是長久以來的國民記憶。大城蝦市場（ตลาดกลางอยุธยา；Ayuthaya Prawn Market：此為 Google Map 上的英文轉寫）為泰國中部最大的水產零售與量販中心，位在亞洲公路（AH1）上，交通極其便利，距離瑪哈泰寺十五分鐘車程。周圍餐廳林立，提供現撈水產代客料理，經濟實惠。人氣最高的

認清這個招牌

現烤的美味上桌了

排隊餐廳為面對市場左手邊第一間的蝦朋友（กุ้งเพื่อนแพรว；Kung Puen Praew），蝦肉扎實又鮮甜，搭配特製泰式海鮮醬讓人意猶未盡。假日人潮眾多，需拿號碼牌於門口等待。

蝦子以大小區分，每公斤從 300 銖到 600 銖都有，價格每日變動。依據喜好選擇烹煮方式，看是要烤、煮、炒、煎、炸，還是清蒸都行，每半公斤蝦肉收取 60 銖的烹煮費用，做成沙拉與炒飯則為 70 銖，每盤蝦肉上限為半公斤。舉個例子，我們選擇 420 銖的大頭蝦一公斤，半公斤做碳火烤蝦，剩下半公斤分做鮮蝦粉絲煲與冬蔭酸辣蝦湯。也就是一公斤的大頭蝦「三吃」，除本身 420 銖的鮮蝦價格，加收三道菜的 180 銖烹煮費。結帳還不用加 17% 的稅金，超值到讓人心生感激。

營業時間：09:00 ～ 21:00

懷舊風吹入大城夜市：人人都是歐造

完美搭上泰國年度神劇《天生一對》（บุพเพสันนิวาส；英文名稱：Love Destiny）熱潮，2018 年新開業的復古風大城夜市（อยุธยาไนท์มาร์เก็ต；Ayutthaya Night Market），位於古城中央的運河遺址 Bueng Phraram 旁邊。樹上垂掛溫暖燈飾、茅草屋當作攤家裝飾，音響不斷播送泰式樂音，夜市攤家穿著泰服，讓逛夜市的人都變成歐造（ออเจ้า，古泰語，取代第二人稱的「你」）了。大城有三個夜市，只有復古夜市稱得上景點啊！

營業時間：週末五六日三天，16:00 ～ 22:00

新開業的復古風夜市入夜後頗具氣氛

大城宋干節二日遊

大城總被我們以一日遊輕描淡寫
的劃過，和樹纏佛頭合影後便搭車離
去。若想見到夜間打上燈光的遺址，
與晨光從佛塔後方升起的感動，唯有
住上一晚才有此般體驗。當你的宋干
前兩日，若已玩遍了曼谷各大戰區，
第三日適合來到大城，體驗更加道地
的慶祝方式。讓河畔酒店與餐廳放鬆
心情，延續旅程的療癒。

大象的潑水節加碼表演

第一日	曼谷北部巴士站搭車 → 抵達大城 → 亞柴蒙考寺 → 水上市場 → 瑪哈泰寺 → 遊客警察局前的大象水戰 → 蝦朋友吃大頭蝦 → 住大城 → 大城夜市當歐造
第二日	尼維塔瑪帕萬寺 → 邦芭茵夏宮 → The Summer House Ayutthaya 用餐→ 市區 Tesco Lotus Express 旁搭車 → 抵達曼谷

特色住宿

薩拉艾尤塔雅酒店（Sala Ayutthaya）

　　紅磚城牆與俐落白色相襯輝映，極簡方形的建築詞彙化做風格，將七百年歷史佛塔與遺址城牆精準襯托，卻絲毫不搶風采。佛塔與河上倒影成就無價美景，伴隨日光角度而戲劇化呈現。純白色調的房間，將窗外景色捧為阿瑜陀耶歷史大秀的唯一主角。

　　設計酒店薩拉艾尤塔雅位於舊城烏通路（ถนนอู่ทอง；UThong Rd.）

面對大城遺址的房型

可以面對佛塔吃早餐

的心臟區域，糖絲薄餅店比鄰著開，7-Eleven 與泰式快炒店群聚，地點熱鬧。僅有二十六間房的精品酒店，無法祭出澎湃的早餐吃到飽，卻依舊提供九道早餐選項任君挑選，舉凡泰式、美式與英式，算是極有誠意。面對普泰塔萬寺（วัดพุทไธศวรรย์；Wat Phutthaisawan）的河畔餐廳相當出名，就算不住上一晚，也推薦來此享用 Fusion 泰式料理。無河景基本房型，4,500 銖起跳。

官方網頁：http://www.salahospitality.com/ayutthaya/
官方臉書：SalaAyutthaya

布施達大城青旅（Busaba Ayutthaya）

　　位於河岸邊，由五十年歷史老宅改建而成的青旅，聽起來就很有味道。它極其前衛，討喜的全白色，飛簷與山牆的柔美弧度是泰式靈魂的代表，雙層外牆的大量空格，讓白日光影隨著時間在牆上作畫。布施達大城青旅有咖啡館、獨立雙人房與青旅房型，雙人房價格 1,800 銖，宿舍房型則是 700 銖含早餐。布施達大城青旅絕對是泰國設計青旅當中，最讓人印象深刻的前五名。

官方臉書：busabaayutthaya

尼維塔瑪帕萬寺,也是大家知悉的安娜教堂。但其實寺廟與安娜一點關係都沒有,也非泰皇
拉瑪四世所建,只是導遊們為了說故事而穿鑿附會的說法

益梭通・火箭節
Bun Bang Fai Rocket Festival

看點
特色

提醒天神該下雨囉！
東南亞區最大的火箭節盛典

身材精實的遊行隊伍

　　過節就是過關。四月宋干，人們以暢快的潑水祝福，來跨越整年中最炎熱的節氣變換。來到熱季轉雨季的

五月，只要雨水準時降臨，先行濕潤土壤，就是順利開耕的預兆。在仰賴農耕的年代，眾人期待的新年新氣象，

笑容可掬的舉牌小姐　　　　　　　　放大版本的農耕器具

正是開耕順利。無論如何，五月一定要下雨。

　　人們當然也知道，下不下雨，一切老天爺說了算。因此，在宋干後的一個月，農民遵循祖先留傳的求雨方式，發射火箭砲上天空，貼心提醒老天爺「是時候下雨了呦！」接著全城舉辦祭祀儀式，將放大版的農耕器具也扛上了街，來個載歌載舞的歡樂踩街大遊行，祈求五穀豐登、萬事大吉，這就是火箭節（ประเพณีบุญบั้งไฟ；Bun Bang Fai Rocket Festival）的由來。

　　維持此傳統的地區，以泰國東北部，也就是俗稱的依善（อีสาน；Isan）地區及湄公河對岸的寮國大城為主。至於泰國北、中部幾個以農耕為主的府城，也會舉行小規模的火箭祈雨儀式。每個城總識相的將日期與益梭通（ยโสธร；Yasothon，也譯做亞梭通）活動錯開，只因為「益梭通火箭節」是東南亞區最盛大的，無論活動天數、遊行規模或浮誇程度，沒有一個城市能與之相比。

　　人口僅十三萬的益梭通城，是個當我走在街上，街頭巷尾會用一種「無限關懷」眼神打量我的純樸小城。這裡沒有機場、沒有攻城掠地的 Central Plaza 購物中心前來插旗，除了一棟五層樓高的蟾蜍博物館，益梭通可說是一個沒有景點的城（對！我就是這麼中肯），平時幾乎見不到外來客。

　　不過，益梭通卻能在每年五月的第二個週末，吸引數以萬計的遊客湧入，前來參與火箭節盛典。

週五：感恩尾牙暨街頭派對

被譽為東南亞最盛大的火箭節盛會，益梭通的舉辦天數硬是比其他城市多，祈福儀式於週三陸續開始，週五的「全城感恩尾牙」則正式幫活動揭開序幕。

貫穿全城的四線幹道劍沙尼路（ถนนแจ้งสนิท；Chaeng Sanit Rd.），週五封閉市中心的兩公里路段，好讓政府機關、公司行號或民間團體，出資搭建一個接著一個的舞臺。從舞臺大小、繁複程度，就能看出來該單位去年有沒有賺錢。我甚至見到米商將收割機搬上舞臺，蕉農也把連著樹根的整串香蕉扛到臺前做裝飾。舞台之間沒有保留多大的距離，音場相互影響，整個路段都在比誰家的喇叭架設多、效能佳，能衝擊心臟的重低音才震撼。街頭街尾都有夜市，不間斷的供應下酒美食，劍沙尼路變成東北味濃厚的露天派對。

這個舞臺上是自家員工才藝秀，老闆笑得合不攏嘴。隔壁單位老闆口袋深，邀請樂團演唱歡樂節奏的鄉村流行樂（ลูกทุ่ง；Luk Thung），身穿亮片羽毛裝的舞群一字排開，根本東北百老匯。政府機關的舞臺，舉辦益梭通小姐選美，緊抓眾人目光。這時候你會說：「既然是益梭通人的尾牙，外人來湊什麼熱鬧？」

外來客硬是找一桌坐下來吃吃喝喝真的很怪（也一定會被趕），但是你可以拿著自備的酒（路邊都在賣），一邊看表演，一邊與主桌敬酒。夜越深，隔天需早起準備歌舞遊行的長者、學子會先行離場，景色也就越發性感，舞者衣服變得輕薄短少，跳著炒熱氣氛的 M 字腿，與純樸小城的形象形成對比。

益梭通先生與小姐選美選拔賽冠軍

週六：獻給天神的歌舞遊行嘉年華

身著紅袍的婆羅門祭司群，頭戴拔尖高帽、手拿雙刀，輪流接受長老獻上的茉莉花瓣與法器，祈求今年降雨充沛。象徵性的奉獻儀式完畢後，八小時不停歇的歌舞遊街活動正式開始。由學校、寺廟與鄉鎮為單位組成的隊伍，會在主舞臺前做一次最精準的、獻給天神水準的演出，接著進入劍沙尼路的商家路段，氣氛隨即轉變為全城同歡的遊行嘉年華。

第一個隊伍，由年紀半百的阿嬤們組成。她們頭髮吹上了半個屏山，紅色訂製服華麗細緻，紗籠裙繡上孔雀紋理。雙手巧如鳳凰，隨著音樂起伏，時而緩慢柔軟、時而剛硬堅強，舉手投足之間，氣場滿分。阿嬤將場

氣場強大的紅衣阿嬤舞團

祭司接受長老獻上的茉莉花

子交給年輕世代，傳承意味濃厚。學子們身穿無袖的單肩背心，左肩配著長方形自然下墜的考麻披肩，紗籠裙長至腳踝。體感溫度四十五的會場，赤著腳，於柏油路上跳著整齊劃一的舞蹈。就算臉上挺著厚實的防曬裝容，也沒忘了在大顆汗珠滑落之餘，秀出自信微笑。

汗珠與微笑，全場都見到了。當隊伍進入商家路段，眾多攤販與活動贊助商，會拿著各式飲料、冰毛巾，獻給辛苦的表演者。中午之後甚至直接將啤酒遞到嘴旁，舞者一開心，接

下來的演出就更加歡樂。遊行隊伍包含傳統歌舞團及樂隊、牛車模型、放大版的捕魚籠與米飯竹籠，並穿插精美火箭花車於其中，花車上的祈雨火箭（บุญบั้งไฟ；Bun Bang Fai）也裝飾成帕亞納的模樣。

烈日下光腳跳舞的年輕舞者

週日：祈雨火箭發射比賽與泥漿派對

在天神公園（สวนสาธารณะพญาแถน ；Phaya Thaen Public Park）舉行的祈雨火箭比賽，是節慶重頭戲。畢竟火箭有傷人風險，相較前兩日的歡樂氣氛，公園現場還真是嚴肅許多，觀賞區與緊戒區劃分明確，安排救傷隊於現場待命。傳統的火箭，指的是將火藥填裝於竹子的土製炸彈，應該稱為「火砲」。現今比賽用的火箭則以鐵皮做填裝容器，重量至少一百公斤。公園搭建數個三層樓高的竹製高臺，師父們將火箭架設於高臺，好讓火箭能順著小軌道升空。點燃引信，尾端噴發白色濃煙，一陣轟隆巨響，火箭就拖長尾巴直衝天際。評審會依火箭的上升角度、高度與空中停留時間評比，選出年度火箭隊。

天神公園預先準備好的泥漿池，一旁不間斷的音樂節奏也持續放送。火箭升空後的週日下午，天空果然下起雨了（就是如此精準），為了火箭

火箭摻入彩色粉末，爆炸後成為絢麗白日焰火

節準備而辛苦好幾個月的人們，你拉我，我推你的跳入泥漿，接著又是一場露天慶功派對。

　　無論歌舞團還是火箭隊，從活動參與者的年齡斷層可以發現，人口外移是益梭通無法避免的殘酷現實。也許新世代多少覺得祈雨習俗的科學成分有點低，但在喧鬧慶典背後，蘊藏的農耕經驗累積、言之有物的神話故事，讓節慶不單單是人們團聚喝酒的理由，更富含教育意義，展現出濃厚

的依善特色。最重要的是，火箭節加深了益梭通人對家鄉的認同。

裝飾成帕亞納模樣的祈雨火箭

路邊都在賣巨大沖天炮

曼谷出發前往益梭通府

最便捷的方式，是從北部與東北部巴士總站（Northern & Northeastern Bus Terminal）搭乘豪華巴士前往。益梭通人口數少，班次自然少，預先購票是必須。經營益梭通路線的巴士公司，只有 Nakhonchai Air 提供網路訂票服務，每日兩個班次，票價 424 銖，Gold Class（VIP）車種舒適，九小時車程的一路好眠之後，即抵達益梭通巴士站。

如果要搭乘飛機前往，可利用隔壁烏汶府（อุบลราชธานี；Ubon Ratchathani）的烏汶機場進入，機場距離益梭通約一個半小時車程。來往曼谷與烏汶間的班次頻繁，價格低廉，航程七十分鐘。

長途巴士公司 Nakhonchai Air
官方網頁：https://www.nakhonchaiair.com/

益梭通在地交通

巴士站位於城北，可藉由摩托車或 Tuk Tuk 車接駁至老城區，車程十分鐘。益梭通是個迷你小城，熱鬧區域位於劍沙尼路與老城區的兩個平行街區之內，雙腳就能逛完。

小而美的益梭通巴士總站

神話故事融入人們日常的城市

搭乘夜車抵達益梭通，第一件事是到城隍古廟拜個碼頭，並在對面粥店吃個東北鐵板蛋與豬肉粥。一旁剛結束供僧日常的阿嬤熱情攀談，知道我們為了火箭節而來，她劈頭就問：「蟾蜍神去了沒？」阿嬤口中的蟾蜍神，指的是蟾蜍博物館，五層樓高的大蟾蜍已成益梭通的唯一地標，朱紅

簡樸、美味的東北鐵板蛋與豬肉粥

色討人喜愛的模樣，根本是吉祥物一般的存在。

蟾蜍神（พญาคันคาก；Phaya Kankak）是流傳於泰國東北與寮國的神話主角之一，與天神（พญาแถน；Phaya Thaen）及帕亞納（พญานาค；Phaya Naga）並列依善民間故事三大天王，其中以帕亞納的名聲最響亮。帕亞納是高於蛇神納伽（นาค；Naga）之上的蛇神之王，也是河流守護神，湄公河就是帕亞納在罩的。

天神是精靈之王，掌控人世間的降雨，按照時令供應大地。突然間，天神不再降雨達七年七個月又七天之久，極度乾旱讓大地乾涸。帕亞納率

塘壩旁的巨大帕亞納

先跳出來與天神發動戰爭，但力量不敵，最終求助蟾蜍神的幫助。蟾蜍神答應了帕亞納的請求，隨即派出數以萬計的白蟻軍隊，搭建蟻丘直達天庭，再下令蜈蚣、蠍子爬上去攻擊天神的腳趾頭，並由虎頭蜂做空中支援，逼著天神只能投降。蟾蜍神取得勝利後，與天神達成協議：每當人們朝天空發射火箭做為信號，天神必須天降甘霖，若是聽見朱拉風箏的聲響，則代表收穫季節來臨，降雨就要停止。

這段有著漫威蟻人（Ant-Man）即視感的故事，正是火箭節由來，其中還藏著幾個彩蛋。蟾蜍神是釋迦牟尼成佛前的一次轉世，天神之所以不降雨，是因為忌妒佛祖廣結善緣，故意來個下馬威。至於為何是蟾蜍？蟾蜍不吃農作物，專以破壞作物的害蟲為食，在無農藥的耕作年代，蟾蜍是農夫的好夥伴。外貌決定一切的人們，常將長相醜陋，又無法食用的蟾蜍莫名其妙處死。傳頌蟾蜍神的故事，為

153

的就是讓後人敬畏，別再殺害有益農
耕的蟾蜍。

　　大蟾蜍與一尊四層樓高的帕亞
納，坐落在天然河道構成的蓄水塘壩
旁，一同守護益梭通全府的灌溉用水。
塘壩下游是具有雨水管理功能的天神
公園，也是發射祈雨火箭的會場。東
北神話三大天王，分別可在益梭通城
找到對應地標，是神話故事融入日常
生活的實踐。

益梭通的吉祥物：蟾蜍博物館

　　外觀在 2018 年才大致完成的蟾蜍
博物館（พิพิธภัณฑ์พญาคันคาก；Phaya
Kankak Museum），截至火箭節當天，
內部尚未開放，我們只能在塘壩旁，
利用錯位方式與大蟾蜍合照。2019 年
開放之後，它將是全國唯一的蟾蜍主
題館，介紹泰國二十餘種的蟾蜍品種，
也會將神話三大天王與火箭節的故事
以多媒體展覽的方式呈現。

蟾蜍博物館是益梭通的吉祥物

老城區：辛塔之家

當這裡還屬於寮國一部分，受法國殖民管轄的時候，稱為辛塔之家（บ้านสิงห์ท่า；Baan Singha Tha）的老城區就已經蓬勃發展。可惜的是，融合歐式花窗、中式屋脊的混血老宅只剩下三棟，而且感覺不出一絲想要認真發展的樣子，呈現一種有無人氣都與我何干的情緒。

城隍古廟供奉三根金色市柱

城隍古廟：供奉三根城市之柱

受到印度教與泛靈論信仰影響，泰國每個府的最大城都會設立城市之柱（หลักเมือง；Lak Muang），有的是建城時的根基，有的是刻意幫助全城沖煞、擋災而建。益梭通的城市之柱供奉於城隍古廟（ศาลเจ้าพ่อหลักเมือง；San Chao Por Lak Muang）之內，神桌上沒有佛像，而是三根金色柱子，兩短一長，是泰國唯一供奉三市柱的府。兼容並蓄的泰國社會裡，華人文化總是找得到安身立命的位置，將市柱供奉在城隍古廟，就是絕佳的證明。

混血老宅辛塔之家

老城區的供僧日常

道地東北菜與在地河鮮：Ban Khun Ya Rimthuan Branch

中午炙熱無比，必須找間冷氣大放送的餐廳才能豪邁大吃。踏入餐廳的那一刻，我發現有講英文、日文的，還有標準中部泰文腔的曼谷人，應該是所有不耐熱的觀光客們，通通都坐在裡面了。Ban Khun Ya Rimthuan Branch 是老字號餐廳 Ban Khun Ya（บ้านคุณย่า）的新分店，主打東北菜餚與在地河鮮，還提供蛋糕甜點、韓式水果冰山與咖啡飲料，滿足所有人的需求。菜色道地，辣勁讓我直冒汗，

有著寬敞空間的老字號餐廳

魚米之鄉大啖河鮮

建議要點河鮮，感受魚米之鄉的稱號。我們點了滿滿一桌，結帳金額差不多是在曼谷吃同樣份量一餐的半價。

官方臉書：BanKhunYa
營業時間：08:00-21:00

節慶限定 OTOP 市集

OTOP 是 One Tambon One Product 的縮寫，顧名思義是「一鄉鎮一特產」的商品販售會。益梭通農產品主打「有機」，有機茉莉香米與紅肉西瓜是全泰國知名。香米與西瓜留在益梭通吃就好，適合帶回家的是手工織品，我買了一條藍格子的考麻布（ผ้าขาวม้า；Pha Khao Ma）。考麻布是一種多用途的棉織纏腰布，鄉村男女大多綁在腰間做為裝飾，也可當作頭巾或毛巾。考麻布的紋路，已是復古泰式風格的象徵，適合當做東北旅行紀念。

手工棉織考麻布，是精緻的東北紀念

益梭通火箭節三日遊

　　若不是火箭節，益梭通是個怎麼排也排不上旅行清單的城市。就算是旅行聖經《孤獨星球》（Lonely Planet），也只有在火箭節篇幅中，輕描淡寫的帶過這座城。真心建議，要來益梭通，挑選火箭節週末再來。

長達八小時不停歇的歌舞遊街

157

週五第一日	前晚搭乘夜車 → 清晨抵達益梭通 → 城隍古廟與辛塔之家老街區 → 瑪哈泰寺（Wat Maha That）→ 酒店休息 → 劍沙尼路感恩尾牙派對
週六第二日	歌舞遊街嘉年華 → 在地河鮮：Ban Khun Ya → 蟾蜍博物館 → 恭拷農佛塔（Phra That Kong Khao Noi）
週日第三日	祈雨火箭發射比賽 → 搭乘巴士前往烏汶 → 購物中心 Central Plaza Ubon Ratchathani → 搭乘末班飛機返回曼谷

泰國鄉村流行樂

　　「派對」這個詞在文章一直出現。沒錯！火箭節就是一場連辦三天的大型派對，音樂超重要。這裡聽不到歐美進口 EDM，而是鄉村歌曲（เพลงลูกทุ่ง；Luk Thung Music）的場子。鄉村歌曲的泰文字義，指的是「鄉下孩子的歌」，這類型歌曲有著不拐彎抹角的直白歌詞，浮誇重複的副歌。草根特色的小調，卻融入歡樂電子節奏，甚至加入饒舌念歌。

　　歌手唱腔總是油膩、老派，歌曲充斥著復古與超現實的趣味，交織成獨一無二的泰國鄉村流行樂。根據調查，這類型音樂愛好者至少有四千萬，在音樂串流平台 Apple Music、Spotify 與 Joox，都能藉著搜尋 Luk Thung 關鍵字，找到一連串的推薦歌單，經典歌曲在 Youtube 的播放次數都是破億次的水準。每年十二月舉辦的大山音樂季（Big Mountain Music Festival），一個以流行樂為主軸的泰國最大音樂節，都會固定將一個舞台獻給泰國的鄉村流行樂。

推薦住宿

標題寫著「推薦」二字，但其實沒有一間值得推薦。沒觀光客的城市，住宿就乏善可陳，既沒有三星以上的酒店，也沒有背包青旅。即便如此，火箭節週末依舊一房難求，若堅持要住在市區，至少三個月前就要訂好房間。如果沒訂到，或是想住得精緻，可選擇入住烏汶市區，住宿品質更佳。

RP 城市飯店（RP City Hotel）

位於市區的地點極佳，雙腿就能走到每個景點。房間陳舊，讓人白天完全不想待在房裡，只想在外四處遊走，深度探索這座城。火箭節時的雅高達（Agoda）房價 935 銖包含早餐，這價格可是平日售價的直接翻倍。

官方網頁：http://rpcityhotel.com/
電話：045711648

RP 城市飯店提供的是 CRT 電視呢！

J.P. 翡翠飯店（JP Emerald Hotel）

曾經是益梭通最高等級的酒店，但半個世紀都不曾大規模整修，地點靠近遊行主舞台的府城辦公室，房價 700 銖，包含早餐。

官方臉書：J.P.Emerald Hotel
電話：045714455

為大家示範，與蟾蜍大神拍照一次就上手

6月

黎‧皮搭空鬼面具節
Bun Luang & Phi Ta Khon
International Mask Festival

看點特色

關於鬼的慶典！專屬東北邊境小鎮的面具狂歡節

體感溫度四十起跳的東北六月天，剛抵達丹賽（ด่านซ้าย；Dan Sai）大街的我們，第一眼見到瀰漫文青味道的 Chu.a.pa Café 時，就頭都不回的走進去，接著點杯黎（เลย；Loei）產地的沁涼拿鐵，撫平大清早舟車勞頓帶來的煩躁。木造老宅改建的 Chu.a.pa Café，以 Q 版面具人裝飾著門額與牆面，連盛裝點心的木盤也畫上皮搭空圖案，以這裡當作鬼面具旅程的第一站，真的再適合不過了。

忽然間，老闆娘一個箭步奔向門外，一邊以尖銳聲音喊著：「皮馬聊！」（ผีมาแล้ว的諧音，意指鬼來了）只見頭戴面具的群鬼站在門前，面具上畫著數不清的利齒，面容似笑非笑

白天是文青味濃的古樸咖啡店，夜晚搖身變成啤酒吧

與晃動身軀的樣子，交織成一種矛盾喜感。群鬼身穿五顏六色的層次彩衣，繫在腰間的鈴鐺因身體扭動而發出聲響，有些鈴鐺垂在地上，邊走邊拖著，正是在昭告天下「鬼來了」。老闆娘招呼大家與鬼魅拍照，無論是排排站

微笑的鬼魅

著拍，還是拿著自拍棒一起拍，大鬼小鬼不斷變換肢體動作，來者不拒且親切有禮，宛如一場以妖魔鬼怪為主題的 Cosplay 派對。終於，我們來到皮搭空鬼面具節（เทศกาลผีตาโขน；Phi Ta Khon Festival）。

同樣是東北地區性節慶，與跨府城共同擁有的火箭節、蠟燭節最大差別在於，鬼面具節是邊境小鎮丹賽獨有，每年由巫師通靈後決定節慶日期，所以更增添些許神祕，讓我特別期待。

什麼是皮搭空？

鬼面具節也被譯做鬼面節或鬼臉節，泰文諧音「皮搭空」由三個字組成。ผี（Phi ／皮）指的不只是鬼，還包含自然界的靈體；ตา（Ta ／搭）是眼睛；โขน（Khon ／空）為泰國傳統藝術之一的孔劇，由演員們戴上華麗面具所演出的舞蹈。三個字合在一起，意指戴著鬼怪面具的舞蹈表演，也就是丹賽大街上見到的鬼面具人。

皮搭空的傳統，是來自對於佛祖故事的敬意、泛靈信仰的崇拜，加上東北神話與鄉野奇談的推波助瀾而成，根據泰國文化局考證，此習俗已經流傳四百多年。然而皮搭空是個被人們美化修飾後的專詞，最原始名稱是發音類似，意義大相逕庭的「皮單坤」（ผีตามคน；Phi Tam Khun），字面上的意思是「鬼跟隨人」，意指「鬼靈嚮往佛法而追隨佛祖」的故事。

從功德法會進化成國際面具嘉年華

釋迦牟尼成佛之前，經過無數次的輪迴轉世，每一次轉生，就有一個行善積福的故事流傳下來，並記載於《本生經》之中。不僅如此，這些故事還成為寺院壁畫題材，並融入小朋友床邊故事，以潛移默化的方式，深植泰國人的價值觀。五月份火箭節篇章的蟾蜍神，是佛祖的某一次轉世；前篇有著控制降雨能力的天神，接下來也要再度登場，因為鬼面遊行正是丹賽的祈雨儀式之一。

佛祖轉世成道前的最後一世，是一位樂善好施的王子名叫須達拿（เวสสันดร：Vessantara），深受村民愛戴。某日王子得知將被召回天國，於是請求眾人忘了他，村民萬般不捨，天神見狀深受感動，故允許王子重返人間。王子歸來，村民上街慶祝，不料歡呼聲響太大，驚醒森林裡的鬼怪。萬萬沒想到的是，隨聲音而來的群鬼，並未騷擾村民，反而加入護送王子的行列。從此以後，村民定期舉辦功德法會（บุญหลวง：Bun Luang）紀念王子並感謝天神的慷慨，也同時安撫野

由佳麗帶領的遊行隊伍

鬼孤魂。村民也會在祭典中戴上面具，以扮演森林來的鬼魅，重現群鬼護送王子的景況。天神見到鬼面遊行場面總是特別開心，天神一開心，就會帶來豐沛的降雨。

皮搭空鬼面具節的全名叫做Bun Luang Festival & Phi Ta Khon（งานประเพณีบุญหลวง-และการละเล่นผีตาโขน），是個串聯居住民與往生者的功德法會，有著敬畏祖靈、感恩祈福並安頓人心等崇高意義的宗教慶典。泰國政府看上皮搭空具有促進觀光的潛力，將象徵歡樂的「面具遊行」主題放大，變成行銷東北的節慶觀光，所以才有了國際面具嘉年華（International Mask Festival），讓鬼面具節的規模一年比一年大，一年比一年更好玩。

蓬猜寺內也有稻草做成的皮搭空

祖靈定奪日期，巫師教光是在地文化的守護者

鬼面具節日期，並不像潑水節每年固定，也不同於水燈節是根據泰曆舉辦。每年，得由德高望重的巫師教光（เจ้าพ่อกวน；Jao Por Guan）通靈之後，得到祖靈指示後才能公佈。日期雖不固定，但近十年為了配合發展節慶觀光，祖靈一同幫家鄉拚經濟，對日期拿捏也有了默契。鬼面具節會落在五月底至七月初之間的週末舉行，總天數為三日，並至少在三個月前藉泰國旅遊局與社群媒體公佈。

鬼面具節越趨向觀光化，猶如精神領袖的巫師教光，在節慶中的角色更是不可取代，或著可以這樣說，教光是面對商業化襲來的文化守護者。任何一個宗教性質濃厚的儀式，如首日凌晨於河邊舉行的迎神驅鬼、第二日在蓬猜寺（วัดโพนชัย；Wat Phon Chai）的誦經祈福，與第三日回歸平靜，蓬猜寺舉行全天不間斷的《本生經》朗讀，都是由教光領頭，與僧人及當地長者共同完成。

節慶中的所有儀式都歡迎大眾參加，然而最迎合觀光客的場域，也是觀光客最期待的場面，我想還是鬼面具狂歡遊行，與入夜後的歌舞兼啤酒派對。

脫下面具，皮搭空也加入啤酒派對

航空公司也加入國際面具嘉年華的遊行行列

管你是人是鬼，隨著鄉村樂的節奏一起狂歡吧！

　　三日的活動，會有兩次參與狂歡遊行的機會。起點為 2013 與 2114 縣道的交叉路口，隊伍沿著 2114 線道的丹賽大街行經過蓬猜寺，到丹賽警察局為止。遊行無分第一日的預演還是第二日下午的正式版，大家都是情緒高昂，還帶點失控，狂歡氣氛隨著鄉村樂的節奏四處蔓延，人群中的我們，根本是被後面的人推著往前。

　　群魔亂舞的現場，焦點都放在皮搭空與鬼怪們的各種張牙舞爪，也有進擊巨人版本的鬼王鬼后，也一同跟著遊行隊伍登場。真死相的淘氣鬼，拿著變大、加粗還在頭部塗紅漆的男性生殖器木雕，在人前晃來甩去，見到可別大驚小怪，因為這是農耕社會的陽具崇拜，有著土地肥沃、豐衣足食的象徵。最讓人匪夷所思的，莫過於全身塗滿濕泥且一臉茫然的泥巴

鬼，我分不出來是在扮鬼，還是進場前已將自己灌醉。

鬼面具節已是東北三大節慶之一，當然吸引公司行號共襄盛舉，甚至出資贊助，我們因此見到亞洲航空的空姐，換上華服並將頭髮紮成包頭，在大街上跳起傳統舞蹈。本土 LEO 啤酒打造舞台冠名舉辦演唱會，派出百名酒促小姐滿場飛。泰國匯商銀行趁機包下節慶限定的農夫市集來推廣行動支付，這些都是皮搭空帶來的無限商機。

還在不斷進化的皮搭空

專屬邊境小鎮的狂歡節裡，皮搭空是最吸睛主角，面具下無關性別、沒有禁忌，大人小孩都可扮演皮搭空。

鬼魅拿著男性生殖器木雕，象徵農業社會的陽具崇拜

全身塗滿濕泥且一臉茫然的泥巴鬼

皮搭空面具圖案不只複雜還比創意，配色更是大膽

面具分成頭帽、面容與尖鼻子等三個部分組成。最原始的頭帽發想，是利用煮糯米飯的竹籠加工，現今則由專人以竹子編織而成，精緻度提升。面容是椰子樹皮曬乾後，將雙眼處挖空，面上彩繪圖案不只複雜還比創意，大膽配色是對生命的讚嘆。模仿鷹喙形狀的鼻子則利用軟木或椰子樹皮製作而成，還帶著一點陽具崇拜的意味。

　　過去的年代，儀式結束後，村民會將象徵鬼魂的皮搭空面具丟到河裡，代表厄運去除。時代前進，節慶也跟著進化，面具從祭儀用品變成職人們的工藝文創品，皮搭空也從鬼魅變成了吉祥物，人們也不再將面具丟到河裡去了。

　　至於晚上能不能扮鬼？當然可以，不然怎麼會在深夜十點多，還能見到成群的皮搭空拿著啤酒，在大街上隨著音樂起舞呢？

皮搭空博物館外的面具彩繪工坊

多樣的皮搭空紀念品

前往交通

曼谷出發前往黎

　　丹賽位於黎（又稱黎府），是東北二十府當中人口數最少的，但卻有亞洲航空（Air Asia）與皇雀航空（Nok Air）的曼谷航班每日直飛。只因黎下轄的旅遊勝地清康（เชียงคาน；Chiang Khan）深受泰國人（也可以說是曼谷人）喜愛，在冬季時，甚至會增加至每日四個航班，以迎接旺季人潮。兩家航空帶有較勁意味，單程票價皆千銖有找，航程七十分鐘。不過在鬼面具節週末，機票價格乘勢上揚，最高可漲至三倍價，務必及早訂位。

從黎府機場到丹賽

　　從機場前往丹賽，可使用安維斯租車（AVIS）自駕，也能利用包車服務，限乘三人的轎車公定價格 1,500 銖，車程九十分鐘可抵達。另一種省錢也相對費時的方式，是先搭車到黎府巴士總站，費用 100 銖，再轉乘班次不多的公車或小型巴士（Mini Van）前往丹賽，車費分別為 60 銖與 80 銖，車程約兩個小時。

前往黎府的螺旋槳飛機

搭乘巴士到丹賽

　　若是從曼谷北部與東北部巴士總站（Northern & Northeastern Bus Terminal）搭乘跨夜巴士，建議選擇國營巴士（บขส.；Transport Co. Ltd）的車輛，每日一個班次抵達黎府巴士總站，車程九個小時，費用605銖，之後再轉車前進丹賽。

　　由於黎的旅遊勝地清康實在太熱門，所以國營巴士經營的清康路線，每日竟然多達四個班次，費用652銖，車程十小時直達清康，中途不停靠黎府巴士總站。此外，航空公司也提供Fly'n'Ride的一條龍服務，可於線上購買黎機票的同時，預訂來往清康的小型巴士接駁。

長途巴士公司 Transport Co. Ltd
官方網頁：http://home.transport.co.th/

丹賽在地交通

　　丹賽非常小，最熱鬧區域即為2013與2114縣道的丹賽大街，長度不到三公里，雙腳就能逛完。鎮上酒店多免費提供腳踏車供住客使用，較遠的住宿則有需額外付費的摩托車租借。

騎上腳踏車來欣賞清晨的湄公河

地區介紹

黎，泰國人心中的湄公河祕境

泰、寮兩國的關係一直密不可分。四百多年前，共同抵禦緬甸軍入侵的泰國大城王朝與寮國瀾滄王國（อาณาจักรล้านช้าง；Kingdom of Lan Xang；1354～1707），為了紀念彼此情誼，而在當時邊境線上，也就是現今的丹賽，建立了一座和平紀念塔（พระธาตุศรีสองรัก；Phra That Si Song Rak），並誓言世世代代不再剝奪對方的土地。這座建於 1560 年的寮式風格佛塔，現今成為黎的府徽圖案。十八世紀末法暹戰爭爆發，黎曾短暫隨著寮國併入法屬印度支那聯邦。一

直到十九世紀初，兩國以湄公河及其支流重新劃分國界，新的邊境線往北邊移了三十公里，丹賽才漸漸沒落，變成安靜的小鎮。

湄公河從寮國流經泰國進入東北地區後，黎是第一站，加上緯度高且群山環繞，氣候近似泰北，冬季擁有明顯低溫。然而此區依舊是鮮少觀光客踏足的泰東北，物價比遊人如鯽的泰北來得平易近人，這也是為何清康深受泰國人青睞的其中一個原因，是在地人心目中的湄公河祕境。

清康老戲院，也是泰國電影《記得那年我愛你》的拍攝場景

清康大夜市

老街的清晨供僧

河岸老宅、老廟、老靈魂：清康小鎮

　　距離丹賽兩小時車程的清康，是黎緯度最高的地區，冬季溫度低，

清晨時的湄公河畔總飄著一抹薄霧，是泰國人期待的冬日模樣。超過兩公里的老街，擁有各色風格木屋，巷弄可見泰寮文化完美交融的古剎，清

晨供僧是百年來的小鎮日常。當夕陽餘暉從對岸山巒緩緩落下，老街出現嘆為觀止的夜市人生，讓我來回走個七八九遍也不曾厭倦。

溫暖色溫與木屋商家，交揉成泰國最美麗的夜市，穿梭巷弄大啖在地美食，體驗跨越時光洪流，回到流逝緩慢的舊時光中。

東北銅板小食與黎名產

在地小食 Khao Piak（ข้าวเปียก）是農村社會用來取代米食的一種米線，口感激似臺灣米苔目，但卻特別黏稠，可吸收湯汁，吃起來很有飽足感，因此字面意思是「濕的米飯」。湯頭清淡，適合當早餐，通常加入碎豬肉與香腸增加口感，可依個人喜好加入油蔥、蔥花或辣椒粉。Khao Piak 是東北的銅板美食，也有人稱作越式粿雜（ก๋วยจั๊บญวน；Kuay Jab Yuan），丹賽與清康都很常見，曼谷卻幾乎吃不到，所以一定要吃啊！

氣候近似泰北，連黎產的阿拉比卡咖啡也與泰北同一個檔次，只是產量沒有泰北多，要體驗黎咖啡，請把握漫步清康老街的機會。丹賽則是火龍果產地，不只價格低到讓我覺得不可思議，連甜度也是。

泰東北限定的銅板美味

丹賽必吃的火龍果

黎鬼面具節與清康小鎮四日遊

既然千里迢迢的跑來丹賽追節慶，更別放棄探索另一個旅遊勝地清康的機會。建議將激昂的節慶活動安排在行程前半，溫柔的清康放壓軸，讓具有神奇療癒力的湄公河幫旅程畫上 Slow Life 的幸福印記。

第一日	早班機抵達黎府機場 → 搭車前往丹賽 → 酒店休息 → 丹賽大街 → 參觀蓬猜寺與皮搭空博物館 → 鬼面具節遊行預演 → 丹賽大街夜市
第二日	Chu.a.pa Café → 和平紀念塔 → 奈鸞彌寺（วัดเนรมิตวิปัสสนา；Wat Neramit Wipatsana）→ 鬼面具節遊行 → 搭車前往清康 → 清康大夜市 → 入住清康
第三日	清晨供僧 → 騎單車遊九廟，逛湄公河 → 庫窟石灘（แก่งคุดคู้；Kaeng Khut Khu）賞日落 → 清康大夜市
第四日	通山（ภูทอก；Phu Thok）賞日出 → 喝杯咖啡再走吧 → 搭車前往機場 → 搭機返回曼谷

面具下無關性別、沒有禁忌，大人小孩都可扮演皮搭空

清康的貓咪咖啡館

175

推薦住宿

黎的遊客以泰國人為主，酒店與民宿老闆們，光是利用電話訂房的土法煉鋼方式，就能將週末與連假房間賣光，省下近20%的國際訂房網站抽取傭金。丹賽本身住宿選擇就非常少，但是當你走在清康老街，會發現處處都是民宿與小旅社。我的建議是，鼓起勇氣打電話，電話那頭的老闆們，會想辦法找到能用英文溝通的人來接這通訂房電話的。

丹賽度假村（Donsai Resort）

自稱度假村，但其實是民宿，位在丹賽大街後方的位置極佳，走出來就能參與遊行。平日520銖能住上一晚，但是鬼面具節週末的房價不只翻倍，還超搶手，記得電話要多打幾通。

＊官方網頁：http://www.dansairesort.com/
＊電話：042892281

班帕迦度假村（Ban Paja Resort）

又是一間自稱度假村的民宿，有著綠林包圍的庭院與寬敞房間，就像住在森林裡，是還頗有度假感的。總共只有四間房，基本房型每晚800銖含早餐。距離丹賽大街不到十分鐘車程，民宿提供機車出租，每日200銖。沒有官方網頁，但可在國際訂房網站訂到房。

電話：0651045802

有廣闊綠意的班帕迦度假村

充滿泰國懷舊氣氛的裝潢

推薦有落地窗的河景房

清康蘇尼塔旅社（Suneta Hostel Chiangkhan）

　　這是清康最搶手的住宿，沒有之一。清康木屋滿滿是，但要找到如蘇尼塔般充滿特色，宛如電影場景的可沒幾家。整間屋子就是古董，靈魂味十足的木門與牆壁，擺上黑白電視的木頭接待櫃檯，連後方的泰皇照片，都以仿古味道呈現，每個角落都是拍照熱點。蘇尼塔自稱為 Hostel，但其實是個七房 Homestay，夾在市集與湄公河步道中間，有個小客廳貫穿頭尾，搶手河景房共有三間，推薦一樓的河景 1 號房，打開落地窗，就是河岸草地，發呆，也療癒。房價依照淡、旺季，是否跨到週末而有四種價格。

淡季時河景房約千銖就能住一晚，老闆娘不準備早餐，但會發給住客餐券，可以去對面巷子換一碗 Khao Piak。

官方臉書：sunetahostel
電話：0869999218

清刊膠囊旅社（Capsule Hostel Chiangkhan）

　　真心覺得來到清康就要住河邊，任何一間民宿的河景房都好。單身前來，若覺得一個人負擔河景房太奢侈，沒關係！清康也是有膠囊旅社可投宿，不只位置佳，還頗有設計感，只要 390 銖就能住上一晚，國際訂房網站就能訂到床位。

官方網頁：http://capsule-thailand.com/
官方臉書：capsule.hostel.chiangkhan

小鎮清康,也是貓咪天堂,這一頁獻給跟我一樣愛貓咪的你

烏汶‧蠟燭節
Ubon Ratchathani Candle Festival

看點特色

泰東北年度最大慶典，
蠟燭節帶你體驗依善魅力

如果「去泰國玩節慶」有個循序漸進的默契，那麼順序應該是這樣子的：1. 以曼谷宋干潑水節做為接觸泰式嘉年華的開端，在身心靈徹底玩瘋之後，內心會有一股聲音出現，提醒該是探索水燈節的時候了。2. 擁有國

笑容可掬的蠟燭節遊行佳麗

際機場、譽為亞洲最佳旅遊城市的蘭納古都清邁，絕對是體驗泰北慶典的城市首選。3. 接下來，充滿好奇心的你，會發現地圖東北邊有一片神祕又誘人的區域，正以邊境文化與湄公河傳說交織成的依善（อีสาน；Isan）魅力招著手，讓你將旅行觸角伸至泰東北。

泰國東北年度最大節慶活動，非烏汶（อุบลราชธานี；Ubon Ratchathani）舉辦的蠟燭節（งานประเพณีแห่เทียนเข้าพรรษา；Candle Festival）莫屬，2018 年的六日活動當中，遊行竟然多達三個場次，以蠟燭節做為探索依善魅力的初體驗，有著捨我其誰的氣勢。

全泰國排場最大的蠟燭節遊行

進入「結夏安居」的蠟燭遊行慶典

節慶的中、英與日文版官方名稱，皆僅言簡意賅的叫做「蠟燭節」，但完整的節慶名稱其實還藏了一個沒被翻譯出來的字：เข้าพรรษา（Khao Phansa）。單就字面解釋，เข้า（Khao）指進入；พรรษา（Phansa）則是個來自印度巴利語的古字，原意為雨，引申成雨季。合併後的衍生涵義，意指佛教的傳統齋節，稱做「結夏安居」，因此，蠟燭節全名為「進入結夏安居的蠟燭遊行慶典」。

結夏安居傳統，源自古印度的婆羅門教。印度夏季雨期長達三個月，氣候潮濕燠熱難耐，僧侶在山間禪定修行時，衣物、食缽常被雨水浸擾，身體受蛇類蚊蟲侵襲。此時也是農作物灌溉期，為避免外出化緣時，不小心踩傷新芽、破壞稻作，乃至踏傷蟲蟻，於是制定在雨期內，讓僧侶聚集寺院修道，直到結夏安居期滿的出夏日，僧侶才恢復正常外出。

蠟燭雕刻的主題圍繞著神佛與聖獸

蠟燭經過細緻雕刻，再以遊行方式與眾人分享

進入結夏安居前，信眾會準備豐盛的食物與日常用品送入寺院。在無電力設備的年代，做為日常照明用的蠟燭更被視為不可或缺之物，因此信眾特別訂製能夠燃燒超過數週，甚至數個月的巨型蠟燭奉獻給寺院。接著蠟燭就越做越大，富創意天性的泰國人當然不容許其單調，故邀請藝術家替蠟燭刻畫造型。當蠟燭製作越發細膩到巧奪天工的境界，乾脆舉辦遊行與眾人分享，遊行後直接送入寺院。久而久之，演變成現今的蠟燭遊行慶典。

結夏安居的日期乃根據泰曆而定，泰曆的八月十六日為入夏日（วันเข้าพรรษา；Wan Khao Phansa），由於是國定假日，也稱入夏節或守夏節；泰曆十一月十五日則是代表安居期滿的出夏日（วันออกพรรษา；Wan Ork Phansa），也稱解夏日。蠟燭遊行固定在入夏節當日舉行。

栩栩如生，如藝術品般的蠟燭雕刻

陪伴烏汶城守夜的夜之蠟燭遊行與蠟燭花車

夜之蠟燭遊行與蠟燭花車陪伴烏汶城守夜

　　我們在入夏節的前一日抵達烏汶，一進城就感受全城動起來的節慶感。市區每條路都在塞車，尤其越靠近城市公園（ทุ่งศรีเมือง；Thung Si Mueang）的遊行會場，車輛越動彈不得！想也知道，這代表活動已陸續展開。蠟燭花車在傍晚進入城市公園與周邊路段停靠，車前架設巨型燈具，好幫車上的眾神、仙女與聖獸們打上蘋果光。今夜，蠟燭花車要陪伴烏汶城一起守夜。

　　時間抓好，七點之前擠到公園南邊的遊行主舞台，「夜之蠟燭遊行」

從今天開始連續舉辦兩個晚上，時間僅一個小時半，表演性質濃厚。最喜歡的一個段落是，舞者手持 LED 蓮花燈籠跳著群舞，連臉上微笑都以相同角度上揚。空氣中飄浮大量透明泡泡，突然間，有種身處迪士尼樂園的既視感。幾秒鐘之後，一尊巨大的金翅鳥迦樓羅（ครุฑ；Garuda）燭雕，又把我抓回到烏汶城的時間與空間中。

　　平行路段另一邊，是期間限定的巨大夜市，滿滿美食攤家照顧著所有人的胃，人潮更是見不到底。午夜將近，蠟燭花車區依舊人聲鼎沸，今晚是烏汶人的過年守歲，城市公園徹夜通明。

六線道馬路舉辦遊行，烏汶的朋友們，一起跳進來！

烏汶城封閉六線道馬路辦遊行，道路兩側架設階梯式看台，排場果然全國最大。原汁原味的日間遊行於八點半開始，為了找到好位子，提早一個小時入場是必需。隊伍以各縣城、公司行號、學校與寺廟為遊行單位，再依不同性質而彼此交錯。有傳唱依善民歌（หมอลำ；Mor Lam）的歌舞團踩街，配合整齊劃一的群舞、登上國際新聞版面的蠟燭花車遊街、貨櫃車改裝的電子花車沿路開唱，鄉村流行樂果然是依善人的心頭愛，還有泰國小姐、烏汶小姐被眾家猛男環繞，一同踩街與群眾揮手致意。內容多元，不僅不嚴肅，還加入滿滿幽默感。

在看台區看遊行，絕對能見到最正式的演出。然而當隊伍進入商家路段，少了攝影機、照相機，甚至空拍機的一路跟拍，舞者笑容不再僵硬，動作放得更開。少了階梯阻隔的圍觀群眾，直接隨音樂跳進來，這是依善的熱情，外帶一點可愛得癲。

時代演進，蠟燭花車也要與時俱進

　　泰國人血液不僅流著敏銳的藝術感，也融入新時代的創意，藝術創意與傳統節慶彼此衝撞，展現的火花讓人打從心底佩服致敬，一輛輛華麗咋舌的蠟燭花車是絕佳例證。

　　花車主題圍繞神佛與聖獸，國徽上的迦樓羅最常出現，半人半鳥的他是力量象徵。俊美勾人的天使（เทวดา；Deva）、婀娜曼妙的金娜麗（กินรี；Kinnaris），長牙白象、祥獅也都成為一尊尊的燭雕塑像。有的甚至加入機關，能夠揮手、轉頭，連帕亞納的嘴巴也可噴出水霧。結夏安居也是農耕季節，拉動花車的車頭，都是農耕機的廠商贊助，好一個高明又接地氣的置入啊！

拉動花車的車頭是農耕機的廠商贊助

離開前，別忘前往蓮花寺參拜

入夏節隔日，整座城回歸平靜，我們把握離開烏汶前的幾個小時，來到蓮花寺（วัดพระธาตุหนองบัว；Wat Phra That Nong Bua）參拜。蓮花寺的金剛寶座式佛塔高五十五公尺，以菩提伽耶的摩訶菩提寺（Mahabodhi Temple）為致敬對象。白色基底鑲上金色的帕亞納蛇體線條當作細膩滾邊，不分白天還是夜晚打上燈光，都無比美麗，蓮花寺被譽為烏汶最美寺廟。

蓮花寺展示實體大小的蠟雕模型

蓮花寺禮佛

向菩提伽耶摩訶菩提寺致敬的蓮花寺佛塔

　　寺內展示實體大小的蠟燭花車模型，搭配圖表介紹製作過程。師父先將手擬草稿完成，主體拆解數個部分，分別以水泥製模、熱蠟灌模，再將各部位組合，此時只完成進度一半。最重要的後半步，是將蠟燭修成栩栩如生的模樣，費時費工。遊行過後，花車蠟像都可拆解成小部分，再放入熱鍋加熱使其融化，融化後的蠟可做成小蠟燭分裝並存放寺院，做為日後使用。時至今日，無論花車多巨大、蠟燭多浮誇，還是排場多氣派，蠟燭慶典的存在意義，依舊是在提醒著人們，時時刻刻都要存好心、做好事，且不忘記奉獻。

帕亞納是守護佛法的神獸，七頭帕亞納成為佛塔外牆的雕刻

187

前往交通

曼谷出發前往烏汶

飛機

烏汶是依善南部的商業大城，也是航空運輸、鐵路與公路交通在此交集的樞紐城市。直飛「曼谷—烏汶」航線的航空公司，包含從廊曼機場（縮寫 DMK）出發的亞洲航空（Air Asia）、皇雀航空（Nok Air）與泰國獅子航空（Thai Lion Air）等三大廉價航空，與蘇萬那普（縮寫 BKK）出發的泰國微笑航空（Thai Smile Airways），選擇相當多。從曼谷飛抵烏汶的航程僅一個小時，因價格競爭，廉航來回票價約落在 1,500 銖，提供 Full Service 的泰國微笑航空票價貴一些，大約 2,500 銖左右。在宋干、蠟

燭節與年底跨年期間，大量在曼谷工作的烏汶遊子也要返鄉，票價會因此上漲二至三倍，務必需提早購票。抵達機場後，可使用 Grab 軟體叫車前往市區酒店，價格約 140 銖。

火車

烏汶火車站為泰國鐵路東北線的南線終點，曼谷出發，每日有八個班次前往烏汶，車程時間為九至十二小時不等。臥鋪夜車於九點半發車，一等雙人包廂的臥鋪價格為 1,080 銖起，若獨身旅行，可直接花 1,780 銖包下整個車廂。二等車廂的臥鋪票價則 671 銖起，是大部分旅客的選擇。由於泰國的單軌雙向鐵道是誤點保證，

搭乘時間比跨夜巴士長，票價也沒有比較便宜，搖來晃去的車體更談不上舒適，卻因著可隨意在車廂走動，多了與人互動的機會。在泰國搭火車，換來的是一種「人生體驗」。

長途巴士

選擇跨夜巴士，可在曼谷北部與東北部巴士總站（Northern & Northeastern Bus Terminal）搭乘 Nakhonchai Air 巴士。每日多達十二個班次前往烏汶，提供僅三十個座位的 First Class 車種，座位極舒適，幾乎可完全躺平。單程票價 694 銖，車程九個小時抵達烏汶巴士總站（สถานีขนส่งผู้โดยสารอุบลราชธานี；Ubon Ratchathani Bus Terminal）。

長途巴士公司 Nakhonchai Air
官方網頁：https://www.nakhonchaiair.com/

烏汶在地交通

烏汶城有跳錶計程車，路上隨招隨停，無論在機場、巴士總站、火車站與購物中心 Central Plaza 都設有計程車招呼站，相當方便。對於不會講泰文的旅人來說，建議使用 Grab 叫車，司機按照 Google Map 的指引前往目的地，是最簡單且免煩惱的方式。如果是超短程，例如從市區酒店到城市公園這種用走也會走到的距離，可嘗試一下曼谷搭不到的人力三輪車。費用約 50 至 100 銖，我相信外來客的價格比較高一些，沒關係！就當花錢買一種體驗，紀念無價。要前往城外景點，就一定要包車，包車服務可請入住酒店協助代訂，包車八小時的價格約 1,800 銖含油錢，比清邁、清萊等泰北觀光大城便宜許多。

繁忙的烏汶巴士總站

國境之東，暹羅版圖的重要一塊拼圖

烏汶府的東半部沿著湄公河及崇山峻嶺與寮國接壤，南部山區則與柬埔寨相鄰，想當然爾，烏汶是中南半島上的兵家力爭之地，具有重要戰略意義。歷史回朔至十世紀，烏汶地區是高棉帝國（อาณาจักรเขมร；Khmer Empire，802 ～ 1431） 疆域的一部分，十四世紀大城王國崛起，入侵高棉並滅了吳哥城，並將烏汶納入領土。三百年後，緬甸貢榜王朝（ราชวงศ์คองบอง；Konbaung Dynasty，1752 ～ 1885）攻陷大城，東邊的占巴塞王國（อาณาจักรล้านช้างจำปาศักดิ์；Kingdom of Champasak，1713 ～ 1946）趁機將烏汶劃入現今的寮國屬地。一直到 1779 年，吞武里王朝（อาณาจักรธนบุรี；Kingdom of Thonburi，1762 ～ 1782）的鄭信大帝攻破永珍，再次將烏汶劃入暹羅版圖，命名烏汶，字面意思為「皇家的蓮花之城」，府徽是紅色的蓮花圖案。越戰時期的烏汶城，則是美國空軍的補給基地，經濟因此飛快發展，戰後更有越南族群遷入。烏汶因為不斷包容四面八方的多元文化，讓這座城擁有許多面向。

白天與夜晚風情不同，吸引遊客慕名前來

螢光寺：詩琳通瓦拉藍寺

　　位於泰國、寮國邊境的詩琳通瓦拉藍寺（วัดสิรินธรวรารามภูพร้าว；Wat Sirindhorn Wararam Phu Prao）距離邊境口岸衝眉（ช่องเม็ก；Chong Mek）僅十分鐘車程。寺廟只有一面牆，雙層飛簷往兩側延展並壓低，僅以柱子支撐，為瀾滄王國風格。唯一一道牆的背面畫著一幅菩提樹，宛如龍坡邦香通寺（Wat Xieng Thong）生命樹的複刻版本。最吸引人的地方，在於壁畫與寺廟地面的雲朵圖案，使用夜光塗料處理，有光源時能吸收光線，光源消失，會自動釋放短暫的藍色、綠色光，在傍晚天色接近全暗的時刻最美。如此夢幻的螢光寺廟，自然吸引攝影師慕名前來，近年常出現在有關烏汶的旅遊雜誌與網站之上。

湄公河上的泰國版大峽谷：
三千洞

同樣屬於邊境景點，三千洞（สามพันโบก；Sampan Bok）風景區，是湄公河上的巨大岩盤，如同小島一樣孤立在河水中央，需搭乘長尾船才能抵達。岩盤經長年河水沖刷，造就特殊的石群樣貌與洞穴地景，有泰國版大峽谷之稱，在日出與晨昏光線照射時，頗有身處外太空的孤寂神祕感。三千洞距離市區約八十五公里，需以包車方式前往。建議乾季的枯水期前來，才有夠多的大小岩洞可以跳上跳下的，尋找 IG 拍照熱點。另外，入夏節即進入雨季時節，部分洞穴填滿雨水，依舊很有特色。

有泰國版大峽谷之稱的巨大岩盤

烏汶要吃越式粿雜：Kuay
Jab Rot Seab 899

粿雜（ก๋วยจั๊บ；Kuay Jab）從潮州話而來，是傳自潮州的民間小食，也有人稱「粿汁」，也就是我們在曼谷中國城吃到的豬雜粿條湯。但是後面加上 ญวน（Yuan）這個字，就變成另一種截然不同的美食。ญวน（Yuan）

來到烏汶就要吃越式粿雜

認明招牌 899 就對啦！

意指越南人，越式粿雜（ก๋วยจั๊บญวน；Kuay Jab Yuan）正是越戰後由移居東北的越南族群，帶入並改良的一種湯米線。米線有著黏稠口感，吸飽豬骨熬製的湯頭，再加入鵪鶉蛋、越式香腸，烏汶特色還加了雞爪，上桌前還會灑上大把油蔥與青蔥。距離機場約十分鐘車程的 Kuay Jab Rot Seab 899（ก๋วยจั๊บ รสแซ่บ 899）是越式粿雜專賣，五種配料，加一種料是一碗 30 銖，兩種料變 45 銖，可任意排列組合。湯頭很清淡，桌上有麵類四寶可隨意調味，絕對是烏汶必吃的銅板美食。

營業時間：10:00 ～ 21:00

開業七十年的越菜餐館：Indochine

　　大老遠跑來泰東北，期待吃到的美食不是青木瓜沙拉配糯米飯（曼谷隨處都是），而是甘蔗蝦、越式烤牛肉、腸粉、蝦仁沙嗲、生春捲與煎餅。這可一點都不違和！因越戰期間的越族遷入，越南菜系已成了湄公河沿岸府城的 Fusion 餐飲特色。Indochine（อินโดจีน）是一間開業七十年的越菜餐館，餐廳實在太知名，人潮絡繹不

絕，老闆乾脆在另一邊加蓋有冷氣的餐廳新翼。我們選擇在舊翼用餐，這裡有折疊木門組成的門面，餐桌是老裁縫車，真有古味。

　　全泰文菜單看不懂？沒關係，點開 Google Map 餐廳評論，指著評論人分享的菜色照片跟老闆點菜，一點都不難。甘蔗蝦與烤牛肉串都清爽不膩，讓人一吃再吃；蝦仁沙嗲根本是愛吃蝦卻懶得剝殼的饕客救星（就是我）；青、紅色小辣椒涼拌的越式香腸，勁辣超爽，搭配生菜入口，吃法 Fusion 也清爽，還能降低入口辣度。泰國人重視醬料，餐廳提供的沾醬有酸、甜，也有辣，建議混合嘗試，找出屬於自己的最佳口味。每道越菜都混了一點泰味，除了生春捲，這是道地的越南味。

來東北吃越南菜，一點都不違和

路線安排
建議天數

烏汶蠟燭節四日遊

來到國境之東，不好好待滿四天三夜怎麼說得過去！烏汶城不大，但是烏汶府超大，可以上山、下湄公河、探瀑布、逛森林公園，搭配城內的市集、購物中心與混了泰式口味的越南菜美食一併探索，四天三夜的烏汶之旅剛剛好。

第一日	早班機抵達烏汶機場 → 酒店休息 → 吃越式粿雜 → 湄公河的三千洞與 Hat Chom Dao（หาดชมดาว）賞夕陽 → Live Band 餐廳 Tawan Daeng Sad Saeng Duan（ตะวันแดงสาดแสงเดือน）
第二日／入夏節前日	直奔月光瀑布（น้ำตกแสงจันทร์；Saeng Chan Waterfall）→ 下午回到烏汶城 → 越菜餐館 Indochine → 城市公園 → 夜之蠟燭遊行 → 蠟燭節大夜市 → 守夜蠟燭花車拍照
第三日／入夏節當日	蠟燭節遊行 → 黃昏市集 Tidbit Society（ตลาดหอมอุบล）→ 吃越南菜 Sabai Chai Restauant（สบายใจ อาหารเวียดนาม）
第四日	普宗那銳國家公園（อุทยานแห่งชาติภูจองนายอย；Phu Chong Na Yoi National Park）→ 詩琳通瓦拉藍寺 → Central Plaza Ubon Ratchathani → 搭晚班機返回曼谷

螢光寺僅有一面牆，生命樹會在夜裡發出螢光

推薦住宿

烏汶住宿選擇多，價格實惠，就算連續假期也不用擔心價格翻倍的狀況出現，但是靠近蠟燭節會場的酒店，還是會在三個月前就完售的。

烏汶玉酒店（Yuu Hotel & Café Ubon Ratchathani）

既然是為了蠟燭節來到烏汶，當然要住在會場附近，烏汶玉酒店距離會場只有 300 公尺，要搶酒店，就直接搶這間吧！烏汶玉酒店是間帶有後殖民古典風格的小酒店，一樓是搶眼的咖啡廳，有著氣派的大理石吧檯，刷白牆面貼著青花瓷盤裝飾。一晚價格包含早餐為 890 銖。

官方臉書：yuuhotelandcafe

烏汶生態酒店（Eco Inn Ubon Ratchathani）

同樣距離城市公園只有 300 公尺，三星級烏汶生態酒店的房間數比烏汶玉酒店更多。老建物拉皮舊翻新的酒店，大量保留其復古外觀與結構，新舊交融之下的設計，還挺有趣的。酒店提供免費單車，650 銖即可入住一晚，還包含自助式早餐。

官方臉書：Eco-Inn-Hotel-Ubon-Ratchathani

B2 烏汶精品經濟型酒店（B2 Ubon Boutique & Budget Hotel）

泰國本土連鎖酒店，號稱經濟型的精品酒店，地點不一定最好，但保證房價便宜又帶設計感。B2 烏汶以日式簡約為設計風格，大量木紋建材融入設計，門一推開就有來到無印良品的感覺，好紓壓。平均房價約 650 銖就有交易，不包含早餐。

官方網頁：https://www.b2hotel.com/detail.php?id=63

托布斯青年旅舍（Toobs Hostel）

做為青旅，位置一定要好。托布斯與巴士總站位在同一條路上，約三分鐘車程，靠近烏汶年輕人週末聚集的夜店區。混合宿舍的單人床位，330 銖起。

官方臉書：TOOBS-hostel

8月

南奔・龍眼節
Lamphun Longan Festival

龍眼控必訪，期間限定
小農市集，嚐遍各式龍眼美食！

　　節慶書不單單分享節慶，所在府城的歷史文化，也佔了篇幅的一半。十二個月份、十三個節慶、十四個城市，我承認，南奔（ลำพูน；Lamphun）是私心置入的城。我生肖屬雞，曾經在丁酉雞年萬佛節，專程到哈利奔猜寺參拜，只因當中的千年佛塔是雞年舍利塔，屬雞之人繞行雞年本命塔，符合「泰式安太歲」的概念。第二個理由又更加私心，因為愛吃龍眼，專程在隔年八月龍眼節重返南奔，再吃一次龍眼冰、龍眼麵與咖哩燉豬佐龍眼，再買了幾包龍眼乾與龍眼蛋糕之後，才心滿意足的離開這

南奔的信仰中心，哈利奔猜寺

品質優良的龍眼，是南奔的驕傲

座心愛的城。

「你知道嗎？大部分的泰國人認為，南奔府只是清邁的縣城之一，殊不知清邁買到的龍眼，都是南奔出產的！」載我們回清邁的 Grab 司機這樣說著，帶有小小的牢騷。

說真的，如果有哪個城能夠與某個水果完全劃上等號，應該也只有南奔了。南奔府栽培龍眼的歷史，從泰王拉瑪五世朱拉隆功大帝時期開始，由於地理氣候條件優越，種植技術不斷進步，甜味持久，果肉大，核仁小，正是南奔龍眼的逆天特色。南奔龍眼產量乃全國之冠，多到足以應付外銷需求，出口總量佔泰國年度水果外銷產值的三分之一，泰國更是世界第一大的龍眼出口國，也難怪南奔人會如此以龍眼為傲。

瀰漫泰北風情的南奔龍眼節

七月底的入夏節，顧名思義代表雨季開始，根據佛教傳統，接下來三個月裡當結夏安居、守戒律，期間內不宜舉辦大型活動，就算有，也偏向溫和、靜態的。守夏節前後，剛好進入南奔龍眼的第一個採收期，

南奔府在採收後一個月舉辦龍眼節（เทศกาลลำไย；Longan Festival），地點在哈利奔猜寺外的護城河畔。活動內容包含龍眼小姐與龍眼花車遊行，獎勵農民的最佳龍眼農場選拔與農耕技術交流會。期間限定的農夫市集，販售龍眼水果與美食，並廣邀南奔織品、手工藝品的藝術家共襄盛舉，節慶格外精緻，瀰漫泰北風情，富有教育意義。

龍眼節固定於每年的八月份舉辦，日期會因水果收成進度而有調整。2016 年與 2017 年的龍眼節選擇在母親節（八月十二日）週末，為期三日。由於 2018 年龍眼收成較晚，延至月底的二十四至三十一日舉辦。長達八日的南奔龍眼節，成為八月份泰北區最盛大的活動。

做工精緻的龍眼花車

穿越神木大道，來到時間流逝緩慢的城

離開清邁城，轉入 106 號線道向南駛去，不消十分鐘，高樓不復見，人車喧囂被抹去大半。道路兩旁古木參天，綠蔭如蓋，橙色佛布包裹樹幹代表人們對大自然的崇敬，讓百年歷史的神木大道，瀰漫著一絲靈氣盎然的氣息。我想，應該沒人敢在此任意超車吧！半小時之後，進入南奔城，長方形的城池有護城河環繞，哈利奔猜佛塔是城裡最高建築，其餘多是低矮木屋，維持著數十年前的樸實樣子。彷彿，任何都市更新計畫都與這座城無干。

我們先到預訂的青旅稍微休息之後，騎著單車來到哈利奔猜寺，龍眼花車停靠在此供遊人拍照，花車以龍眼做為裝飾素材，是南奔龍眼節的特色。職人們將龍眼樹的部位拆解，龍眼完整果實、果核、外殼、烘培過的深色果肉、龍眼枝葉，甚至果農穿戴

南奔，時間流逝緩慢的城市

以龍眼當裝飾素材的特色花車，南奔才有喔！

年度冠軍農場的特級龍眼

的斗笠，都成了再創造的要素。依形狀、顏色差異，重新拼湊成各式圖案，並刷上亮漆或金粉增加變化，我才能見到以龍眼殼排列出身體的蛇神納伽。

護城河旁邊，果農們親自擺攤推銷，好熱情

　　流經城東的匡河（แม่กวง；Kuang River），曾經是古時候的護城河，節慶時變身小農市集。攤家在河畔聚集，果農們熱情攬客，推銷自家龍眼。走過一攤又一攤，試吃龍眼不斷遞到面前，有種回家過年被長輩們餵食的感覺，某些攤商連龍眼殼都幫忙剝好，直接塞入嘴裡就行。繞了一圈，已經有點飽足感，決定再繞一圈，開始買買買。市集販售的龍眼是幾個小時前剛採下的，保證新鮮。不只龍眼水果，放眼望去，還有龍眼乾、龍眼蜜、龍眼蛋糕，甚至龍眼咖啡豆等龍眼家族商品，通通都是產地價，只要離開小農市集，價格就是兩倍、三倍的往上翻。

龍眼城必吃龍眼麵

龍眼能滋補身體、補心安神、益脾開胃，是進補好食材。來到南奔，必吃龍眼麵！穿越設在橋上的 OTOP 名產街（ขัวมุงท่าสิงห์；Kua Mung Tha Sing）來到城外，直走一分半鐘就見到南奔最出名的排骨龍眼麵（ก๋วยเตี๋ยวหมูตุ๋นลำไย；Mo Tun Lam Yai Noodle）。這是以華人靈魂的中藥燉排骨做湯底，搭配具解毒功效的大塊豬血，藥草香氣湯頭清爽，就算體感溫度超過三十，還是能輕鬆喝下肚。排骨輕夾就骨肉分離，幾乎入口即化，豬肉帶有一點點的甜。龍眼以點綴方式低調入菜，若不講，根本不知道沉在碗底的食材就是龍眼本人。龍眼吃入口中，香甜精華彈跳出來。「哇！好有層次的一碗麵。」桌上同樣放著湯麵四寶（糖、辣椒粉、辣椒醋與魚露），只見一旁泰國人卯起來把四寶往湯裡加，就知道這碗麵有多清爽了。

南奔必吃四天王，分別是「龍眼冰茶」、「排骨龍眼麵」、「泰北咖哩燉豬佐龍眼」，以及「南奔龍眼乾」

離開前，扛幾包龍眼乾再走啊！

龍眼乾的烘製費力耗時，因此市面價格不斐，不過，南奔除外。南奔龍眼乾是不帶殼的去籽龍眼肉乾，色澤金黃且形狀飽滿。離開南奔前，我在農夫市集扛了好幾包，還特別挑選適合保存的夾鏈袋包裝，500 公克的產地價格 150 銖。之後在清邁 Central Festival 購物中心，見到相同包裝的龍眼乾，龍眼肉明顯較小，價格卻翻了三倍之多。我的建議是，來到南奔，能扛幾包就扛幾包，不然會後悔的。龍眼乾可煮湯燉排骨、泡茶，或直接當零食往嘴裡送。最喜歡的吃法是豪邁抓一把在手裡，塞入嘴巴，嚼大約五下之後，喝一小口的開水，冰涼或

哈利奔猜寺的橘貓，在供桌下睡著了

護城河之上的 OTOP 名產街

溫熱皆可，讓開水與龍眼肉交融一起，甘甜滋味，意猶未盡。但是也別忘了，龍眼吃多會上火氣，水也要多喝些。

早已被欽點為亞洲最佳旅遊城市的清邁，猶如眾星捧月般的光芒萬丈。不過，相隔僅半小時車程的南奔，也只是眾星中的一顆，可有可無的分食著從清邁溢出來的旅人。無論發展觀光帶給清邁的變化有多大，南奔卻依然置身事外的，維持自己的步調前進。南奔城裡，感到時間流逝緩慢是正常的，畢竟連討人憐愛的貓咪動作都整整慢了一拍。假如覺得清邁的觀光化，已經超過你心中對於蘭納古都的期待，別忘了，你還有南奔啊！

曼谷出發前往南奔

飛機

　　最靠近南奔的機場，是城北三十公里的清邁機場，車程大約四十分鐘。清邁機場是泰北區最大的機場，經營「曼谷—清邁」航線的航空公司多達七家，班次頻繁，價格競爭，只要提早預訂機票，都能得到不錯的價格。抵達清邁機場之後，可於 Taxi 櫃檯包車前往南奔，或利用 Grab 軟體叫車。包車公定價單程 1,500 銖，Grab 叫車則僅 450 銖上下，一輛車最多可搭乘三人。有一點要注意的是，會在清邁使用 Grab 的客群，幾乎都是觀光客，而南奔又是個沒有什麼觀光客的城市，回程若是叫不到 Grab，可利用下方介紹清邁的大眾運輸工具返回清邁。

長途巴士

　　若搭乘跨夜巴士，可於曼谷北部與東北部巴士總站（Northern & Northeastern Bus Terminal）搭乘，國營巴士（Transport Co. Ltd）每日有三個班次出發前往南奔，票價從普通座位的 374 銖到椅子可半躺平的 748 銖不等，預計九小時車程抵達。

長途巴士公司 Transport Co. Ltd
官方網頁：http://home.transport.co.th/

從清邁前往南奔

　　從清邁出發，可於瓦洛洛市場（ตลาดวโรรส；Warorot Market）在靠近河邊的巴士站搭乘小巴前往南奔，每半小時發車，車程四十分鐘，票價30銖。也可在此搭乘藍色雙條車，票價20銖，時間久一點，約一個小時抵達，下車地點皆可選擇哈利奔猜寺。當然也可以搭火車，任何一輛開往曼谷的列車都會停靠南奔，全天共六輛車次可供選擇，票價依車等從5銖至21銖，車程二十分鐘。只是南奔火車站距離古城區還有一段距離，需再轉乘三輪車或嘟嘟車。

南奔在地交通

　　在地青旅或酒店，多會提供免費單車供住客使用，騎單車遊南奔，最適合不過了。如果不想流汗，可搭乘南奔導覽車（Lamphun Yellow Tram），花100銖即可遊覽城內外的重要景點，並有專人以泰文導覽，全程約三個小時。發車時間為每日上午九點半與下午一點半，車位有限，若遇週末，請提早至哈利奔猜寺前的售票窗口購票。

「來趣.THAI北」二人組搭乘南奔導覽車

8月
龍眼節

地區介紹

哈利奔猜之城
泰北最古老的城市

南奔城的牌樓寫著 นครหริภุญชัย
（Nakhon Hariphunchai），意為哈利
奔猜之城。早在蘭納建國的六百年以
前，哈利奔猜王國（อาณาจักรหริภุญชัย；
Hariphunchai，663 ～ 1292）已在此

處建都，南奔是泰北最古老的城市。
　　西元五世紀，孟族人在泰國的北
部建立一個名叫陀羅缽地（ทวารวดี；
Dvaravati，543 ～ 972）的城邦國家，
與高棉人、馬來人維持著相互制衡的

冉馬黛維紀念碑與祭壇，香火鼎盛

寺中最經典的陀羅鉢地風格佛塔

權利平衡關係。王國後期，來自昭披耶河流域的羅渦王國（อาณาจักรละโว้；Lavo Kingdom，450～1388）勢力崛起，西元663年由羅渦國王指派女兒冉馬黛維（จามเทวี；Cham Thewi）前往治理北方的哈利奔猜，於是公主帶領和尚與工匠們來到現今的南奔一帶，一併將陀羅鉢地文化與藝術影響帶入泰北區。多年後，女王生下一對雙胞胎，兄弟長大，大哥接管母親的城，弟弟則治理相隔一座山脈的南邦（ลำปาง；Lampang）。哈利奔猜王國存在歷史六百多年，最終被北邊竄起的蘭納王國（อาณาจักรล้านนา；Lanna Kingdom，1292～1775）所滅。

南奔人稱冉馬黛維叫เจ้าแม่จามเทวี（Chao Mae Cham Thewi），用的是跟觀音娘娘（เจ้าแม่กวนอิม；Chao Mae Kwan Im）相同的字首，เจ้าแม่（Chao Mae）直譯就是「神母」。一千多年後，建城女王成了南奔的守護女神，古城西南邊的冉馬黛維紀念碑與祭壇，香火鼎盛。

雞年生肖本命塔，深藏佛祖遺骨舍利：哈利奔猜寺

聖獅、石拱門、供佛殿與舍利佛塔拉起一條面對東方的中軸線，陽光照耀時，視覺效果極震撼。入口處兩隻朱紅聖獅，為守護佛祖舍利的聖獸。石拱門有高棉式的堆疊塔身，基底帶著蒲甘佛塔的味道，此為獨特的哈利奔猜風格。佛殿的三層飛簷向兩旁壓低並伸展，一貫的蘭納優雅，當陽光灑落於金色外牆浮雕，美極了！

佛塔頂部為鐘型，三個鐘環逐漸放大成飽滿塔身，鐘環可細分三個層次，總共九層。塔身向下壓縮成方形基座，堆疊層次也是三層，可從中再細分三個層次，一樣多達九層，因為泰國的數字九，象徵福份圓滿。基座四個角落切割出七個尖角，尖角向上飛揚，讓沉穩佛塔帶著輕盈姿態。佛塔呈現一種繁複卻精緻的美感，被列為蘭納佛塔藝術的教科書。

哈利奔猜寺入口的朱紅聖獅

萬佛節遶塔祈福

　　佛塔歷史可追溯至西元897年，由哈利奔猜國王下令建塔，供奉王宮傳承的珍貴舍利。哈利奔猜寺（วัดพระธาตุหริภุญชัย；Wat Phra That Hariphunchai）是泰北第一座供奉佛祖遺骨舍利的寺院，遺骨總類包含佛祖頭髮、頭蓋骨、胸骨與手指骨，通通藏於塔內，總類豐富乃全國之冠。由於是泰北十二生肖舍利塔（พระธาตุประจำปีเกิด）的雞年本命塔，寺院內與佛塔周圍，能見到各式各樣的公雞雕像，是屬雞的信眾們捐獻的。

老木屋泰北菜：Tonfai

　　木屋餐廳（ร้านต้นฝ้าย）實在太美，位於哈利奔猜寺前的大馬路上，地點極佳。脫了鞋，步上木梯來到二樓，我們在窗前坐下，看著窗外人來人往的景緻好棒，也就順理成章的點了滿桌泰北佳餚。泰文菜單都有標示英文，總之，專挑寫著 Northern Style 的菜餚點就對了。

　　個人推薦咖哩燉豬佐龍眼（แกงฮังเลลำไย；Kaeng Hang Lay Lam Yai）。肉桂、黑胡椒及薑黃粉等眾家香料混合的咖哩概念源自於印度，再經緬北邊境傳入蘭納，才有了這道泰北風格的豬肉咖哩，是蘭納與緬甸共有的家常菜色，與泰南咖哩的最大差別在於完全不加椰奶。曾在緬甸仰光旅行時吃過相同料理，但較為油膩且完全不辣。南奔 Tonfai 的豬肉咖哩就算以三層肉燉煮也不覺得膩，有著泰北菜應有的辣勁，大量龍眼增加清爽風味，又是一道來到南奔一定要品嚐的料理。

推薦來南奔必吃的老木屋泰北菜

南奔龍眼節二日遊

　　清邁與南奔是密不可分的兩座城，無論是為了南奔龍眼節路過清邁，還是在造訪清邁時，順道探訪南奔，都沒關係，將兩個城市排在一起就對了。在清邁旅程中，安排兩日往南邊探索泰北最古老的城市，相信你也會跟我一樣喜歡上步調緩慢的龍眼之城。

南奔古城門

第一日	清邁搭車前往南奔 → 排骨龍眼麵 → 搭乘南奔導覽車（三小時）→ 哈利奔猜寺參拜 → 小農市集 → 泰北菜餐廳 ร้านอาหารดาวคะนอง（Dao Kanong Restaurant）→ 南奔夜市
第二日	旅舍咖啡館 PickBaan Cafe → 南奔傳統市場 ตลาดสดหนองดอก（Nong Dok Food Market）→ 哈利奔猜國家博物館 → 老木屋泰北菜 → 冉馬黛維紀念碑 → 冉馬黛維寺（วัดจามเทวี；Wat Chamthewi）→ 順道走訪蘭納星巴克（Kad Farang Village）→ 返回清邁

推薦住宿

南奔距離清邁實在太近，住宿選擇不多。不過近幾年來，南奔開始推動小鎮觀光，盼望能吸引清邁的旅人到隔壁南奔住上幾晚。以下推薦的三間青旅與酒店都是近三年內新開業，設計細膩，我很喜歡。

附設咖啡館和單車租借

匹克班旅舍（PickBaan Hostel & Cafe）

潮流青旅與咖啡館的搭配，已經是最能打中旅人內心的完美組合，匹克班旅舍正是如此。咖啡館位於路口，

簡樸的雙人房

具特色的高腳屋青旅

木色小屋與花草綠蔭吸引路人眼光，高腳屋青旅則藏在後方的庭院最深處。匹克班旅舍位於南奔城的心臟位置，距離哈利奔猜寺僅五百公尺，騎著單車，轉兩個彎，三分鐘就能見到金色佛塔。高腳屋共有兩棟，二樓為住宿區，提供三間雙人房、一間四人房及兩間混合宿舍房型。價格依週末與節慶時節而有些微差異，雙人房價600 銖即可入住一晚，包含早餐。

官方臉書：Pickbaan

南奔雅瑪德菲酒店（Jamadevi Lamphun）

以女王名稱命名的南奔雅瑪德菲酒店，是南奔唯一的四星精品酒店，位於古城區外的酒店佔地廣大，帶有濃厚的度假村氣息。價格約 2,800 銖，包含早餐。

官方網頁：https://www.jamadevi.com/en-gb

快捷旅館（Easy Hotel）

同樣位於古城區外，為無印良品風格的在地商務酒店，雙人房一晚只要 590 銖，不提供早餐。

官方網頁：http://easyhotel.co.th/

同場加映 · 順遊好去處

蘭納建築風格的星巴克咖啡

泰北的特色咖啡店太多了，價格又實惠，星巴克如果不出絕招，要如何招攬顧客？因此有了這間，全球唯一的蘭納風格星巴克。星巴克位在 108 縣道的 Kad Farang Village 購物中心，剛好是在往來清邁與南奔的路途當中，可順道走訪。購物中心以蘭納精神為建築風格，因此不只是星巴克，其他的連鎖餐廳、銀行，也都是蘭納風格，是個很經典的 IG 打卡熱點，隔壁還有泰北最大的 Premium Outlet 暢貨中心，建議停留時間兩個小時。

9 _月

普吉・九皇勝會
Phuket Vegetarian Festival

眾神遶境、炸轎酬神震撼人心，東南亞最盛大的九皇爺誕慶典

　　根據上座部佛教傳統，結夏安居的三個月雨期內，僧侶應聚集寺院同修，避免外出。期間內大型節慶紛紛

迴避，即使舉辦，也以靜態、優雅的形式呈現，直到解夏之日為止。這是泰國社會與傳統佛教間的默契，然而

遶境巡遊熱鬧非凡，九皇勝會就是普吉人的過年

源自中國道教信仰的普吉九皇勝會，絕對是默契之下的最大例外。

　　農曆九月初一至初九，在擁有華人社會的馬來西亞、新加坡與印尼，乃至泰國境內，皆有慶祝九皇爺誕（Nine Emperor Gods Festival）的活動。泰國以最多華人移民聚居地的普吉（ภูเก็ต；Phuket）舉辦的規模最大，參與活動後，會在內心烙下極深刻的印象，後座力強大。九皇爺誕在泰國，稱作九皇勝會（กิ้ว อ่อง เซ่ง โหย่）或九皇齋節（稱勝會而非盛會，是由福建華人流傳下來）。官方名稱則相對隱晦，僅以齋節（เทศกาลกินเจ；Vegetarian Festival）稱之。乍看之下，會以為是個以「吃素」為主題的節慶。若沒事先了解背景的旅人，在毫無心理準備的情況下撞見遶境，遇到臉頰穿孔、穿刺和全身顫抖的乩童現身，應該會嚇到吃手手，甚至連一口素齋都嚥不下。

九天九夜九皇勝會，就是普吉的過年

　　節慶九天九夜，齋節市集封街、擺攤九天九夜，陪伴白衣素褲的信眾一同吃齋。商家張燈結綵，銀行大紅燈籠高掛，寫著「龍馬精神、吉祥如意」的春聯也配合節慶改成黃底紅字，圓環架起大型花燈，氣勢如同歡度新年。因為九皇信眾多，官廟密集，乩童更是全國最多！普吉九皇勝會獲公認為東南亞規模最大的九皇爺誕，在2018年已經是第114屆舉辦。泰國觀光局也將九皇勝會，包裝成雨季普吉島的主題旅遊，吸引來自馬來西亞、新加坡與印尼的信眾前來參與。

白衣素褲機車騎士，與一旁九皇勝會壁畫融合一體

齋節夜市

215

九皇勝會的起源

　　無論是九皇勝會（กิ้ว อ๋อง เซ่ง โห่ย）還是吃齋（กินเจ），兩字串的泰文發音皆從福建話而來。普吉的大小宮廟名稱，也是福建方言的直接轉寫，並保留繁體中文原名。九皇信仰起源，當然也與福建移民有著極大關聯。

　　十九世紀西元 1825 年，普吉總督看準了錫礦開採帶來的經濟效益，將行政中心從島北的他朗（Thalang）遷至中部的卡圖（Kathu；福建話為內杼），因為島上第一座錫礦礦坑就坐落於此。第一次鴉片戰爭過後，中國國內民不聊生，「下南洋淘黑金」的傳聞在東南沿海一帶傳開。所謂「黑金」就是錫，當時普吉錫礦開採興盛，吸引大批福建移民湧入卡圖。卡圖當時還是原始山林，氣候濕熱，在醫療不發達的情況下，傳染病爆發就無法控制。一個從福建邀請前來表演的歌仔戲班，在卡圖停留期間遭逢瘟疫，許多人因此死亡。原本就是供奉玉皇大帝與九皇大帝的戲班，為祈求平安而設壇做法，帶領人們吃齋守戒。連續幾個日夜之後，病患竟奇蹟式的痊癒了。

　　神蹟式的信仰火速傳開，快速被人們接受，信眾隨即派人前往中國江西恭請九皇大帝的香火。使者帶回香爐、香火、經文與寫著「斗母宮」的匾額，於農曆九月初七回到普吉，從現今的石頭橋（สะพานหิน；Sapan Hin）海口上岸，信眾親自到海口迎接。從此之後，九皇信仰就在普吉島流傳下來，歷久而不衰。當年從江西請回的聖物，就供奉在卡圖的內杼斗母宮（ศาลเจ้ากะทู้；Kathu Shrine）。

巷弄之間，壁畫處處可見，也是熱門 IG 打卡景點

泰國道教信仰的中心，普吉島三大斗母宮

斗母是道教的斗姥女神，北斗眾星的母親，符合九皇信仰的其中一種說法。斗母宮如同母親的象徵，宮內供奉玉皇大帝與九皇大帝。普吉島總共有三座斗母宮，分別是 1. 卡圖的內杼斗母宮 2. 位在普吉鎮（Phuket Town）的水碓斗母宮（ศาลเจ้าจุ้ยตุ่ย；Jui Tui Shrine），以及 3. 網寮斗母宮（ศาลเจ้าบางเหนียว；Bang Liao Shrine）。普吉是泰國道教信仰中心，斗母宮就是領頭羊的重要角色，觀光局發行的齋節特刊，直接印出斗母宮的遶境路線，作為節慶推廣。節慶內容，以下表簡單說明。

日　程	活　動　內　容
農曆八月三十深夜	恭迎玉皇大帝與九皇大帝神駕，宮前高掛九星燈，象徵九皇勝會正式展開。
齋節期間／農曆九月初一起	斗母宮設宴犒賞天兵天將，日夜誦經祈福。
遶境前晚／初五	祭拜北斗七星，緊接隔天九皇大帝與眾神明的遶境巡遊。
倒數四日／初六	以上刀梯、過火炭來見證吃齋之人的決心。
初九傍晚	斗母宮前舉辦過運橋儀式，將大帝玉璽寶印蓋在信眾身後，保佑平安。
初九午夜	信眾以鞭炮炸轎酬神，恭送九皇大帝離去。

「葡式鐘塔」前 Peranakanitat 博物館的送神樣貌

9
月

九皇勝會

217

九皇大帝與眾神明遠境巡遊

斗母宮遠境日期每年固定，初六網寮、初七水碓、初八內杆，初九則由另一間鎮上的道堂，浪魯瑞文堂（ศาลเจ้าซุ่ยบุ่นต๋อง；Sui Boon Tong Shrine）主導遠境。每家路線稍微不同，但是鐘樓圓環（หอนาฬิกาวงเวียนสุรินทร์；Surin Circle Clock Tower）一定會經過。巡遊由各家宮廟主導，多少帶著較勁意味。電音喇叭三門跑車播放快版佛經領頭，隨後百多名男女乩童同時神靈附體。男乩童身穿背心，胸前以中文繡上各

自代表的神祇，是朱府王爺或玄天上帝。女乩童則是神仙裝扮外加法器，搭配完整妝髮，我見到慈祥如母的千手千眼觀世音站在小發財車上，打著手印，對信眾微笑。

男乩童（也有少數女乩童）會以各種粗細的針、法器、刀劍，甚至斧頭在臉頰穿刺，穿刺過程在宮廟內由專業師傅處理，遠境時見到的，傷口都不再滲血。由於沒有滲血，視覺上是可接受的。不過另一種濺血組合，在親眼見到的當下，腿軟，舌發麻。約八到十人的乩童團隊，手拿利刃，

坐在電音佛經大喇叭前的家庭

參與遠境的媽媽團

他們每到一個十字路口，就自動圍成一圈，一人站在中央，由他一聲令下，全部人一同完成個大約三十秒的割舌頭、釘額頭、砍背肌的自殘多重奏。十字路口的濺血，為道教祭改的手段之一，用意是在對抗路衝惡煞，替民解厄。九皇大帝神轎走在隊伍後段，寫著「帝」字的轎子出現，所有人蹲下迎接。見到舞龍舞獅的壓軸表演，店家更毫不吝嗇的塞紅包，再分送飲料與點心給遊行隊伍。

遶境巡遊所做的一切，是為全城祈福。普吉人深知這點，並心存感激，因此以堆積如山的鞭炮炸轎酬謝眾神，相傳越炸越旺，所以鞭炮無上限，遶境沒炸完的，留到送神時再全部梭哈。

臉頰穿刺的女乩童

抬轎青年大合照

網寮斗母宮的過火儀式，火炭面積大，儀式後由消防隊協助善後

刀梯是一個山形，乩童登頂後會向群眾丟糖果

上刀梯、過火炭

最後四天，至少二十間宮廟個別舉辦過火儀式，上刀梯則只有三間能見到，網寮斗母宮是唯一兩個儀式都舉辦的宮廟。儀式在晚上八點舉行，至少七點就要到宮廟前廣場站定位，來晚了，擠不進來，就只能在外面看大螢幕轉播。結束後，同時湧入齋食夜市用餐，這是九皇勝會的日常。

網寮斗母宮相當國際化，男司儀以泰文講解儀式涵義與注意事項；美麗健談的公關大姐，以中文、福建話、潮州話，加上英文向全場宣達一次。

刀梯每邊三十六把，兩邊就是七十二把，數字不管怎麼加，都是九。九代表九皇大帝，泰國的數字九，更是代表福氣，爬過刀梯，代表福分圓滿。上刀梯是祈福儀式，乩童登頂後朝群眾丟糖果、衣服與符咒，群眾壓抑興奮的搶成一團，還挺泰式歡樂。消災解厄的過火儀式臺灣也有，朋友告訴我「臺灣人會在火炭上撒鹽，幫助降溫！」普吉也有灑，負責灑鹽的長老乩童跑第一位，每隔幾個人奔跑過後，他又繼續灑鹽。無論如何，炭是火熱的，站在旁邊觀看的人都熱到滿身汗，而我，至少留了兩公斤的汗吧！

節慶壓軸送九皇，場面撼動人心

　　普吉是座島，一座很大的島，島嶼人民有著共同默契，送神要送去海邊。傍晚六點，鎮上店家已關得差不多；晚上八點，店門口擺設供桌，大紅桌布上放著香爐、蠟燭與鮮花，供品只放素果，不擺三牲。鞭炮堆成小山，準備炸經過的乩童與神轎。如果說乩童是神力上身，那麼抬轎之人就是被腎上腺素充滿，因此供桌旁還有一小桌，放著可立即吃的點心與蠻牛

類提神飲料，是要分送給抬轎之人的（這點讓我特別感動，大家不只酬神，還照顧人）。九點開始，宮廟出發的神轎隊伍，以井字型再次遶境古城區。

　　「只要神轎經過，鞭炮就不能停」是送神夜的傳統，神轎所經之處無不煙火沖霄、香煙繚繞，此起彼落飛天鞭炮拖曳的火光劃過夜空，普吉鎮就像發了爐一樣的旺。使得九皇神轎需使用探照燈、抽風扇，才能讓九皇大帝繼續前進。鞭炮碎屑鋪成綿延數公里長的紅色地毯，抬轎之人踏著紅毯

抬轎人雙手合十，感謝大家的鞭炮

神轎經過之處鞭炮不能停

而行，這種不真實的場面深具美感，撼動人心。

　　我掛著護目鏡，塞著耳塞，當外界音量變小，反而讓眼前畫面更加深刻。尾隨著神轎隊伍，來到當年初迎神駕的石頭橋，遠處沙灘燃著熊熊火焰，心想，這就是終點線了。同時間，腦中浮現臉頰穿刺的乩童、炸到流淚流鼻涕的的抬轎者、伴隨赤腳遶境的信眾、跪在神轎前面求治癒的男女。這一切，在同樣是座島嶼的臺灣，北港迎媽祖遶境、東港迎王平安祭典、臺東炮炸寒單爺，也能找到同源文化

的道教信仰影子，而我卻在普吉島見證一切。

　　泰國是個擁有海量接納外來文化的國家。祭祀九皇的習風隨著華人遷移而在普吉落地生根，甚至傳出本島，在其他府城開花結果。最終吸納非華人血統的泰人，加入追隨九皇，此與傳統佛教及相信萬物皆有靈的泛靈信仰，並無任何違背。時至今日，齋節期間，全國連鎖餐廳推出齋食特餐搶客，便利商店也有整櫃的齋食專區，推廣不加蔥薑蒜與魚露的食品。從區域性的迎神賽會，演變成全國性的素食運動，這絕對是泰國佛教展現和諧融洽宗教地景的最佳例證。

送神三寶：護目鏡、耳塞與口罩

參加九皇勝會注意事項

食方面

　　齋節並不是全城吃齋，只有掛上黃色齋旗的店家才賣齋食。購物中心內的連鎖餐廳、星級酒店的餐廳、酒吧，還是繼續開葷，照樣賣酒。要吃齋食，最棒的體驗是斗母宮前的限定市集，攤位多，但是重複性也高，不外乎自助餐形式與炸春捲等各種炸物、水果涼拌、泰式炒麵、河粉等等。對了！逛市集的時候，可觀察穿著宮廟衣服的人，有些人的臉上有著淡淡的疤，就是穿孔時留下來的，其實若不仔細看，會直覺認為是法令紋。

素的泰式炒河粉，有豆腐、素肉燥、素火腿和菜脯等

衣方面

　　就算不吃齋，也要守住白衣素褲的默契。參加過運橋祈福，白上衣是必需，乩童才會將大帝寶印蓋在身後。要近距離參加送神活動，被稱為送神三寶的「護目鏡、耳塞、口罩」不可少。護目鏡讓眼睛免於被亂飛鞭炮所傷，耳塞更是四小時震耳炮聲的防護，戴上口罩可減少呼吸道的傷害。最好再戴一頂帽子，保護秀髮。送神裝備在市集與遶境路線上的便利商店，都能以驚人便宜的價格購入。齋節期間，正值普吉島雨季，大雨來時，連雨傘都無用武之地，以雨衣最合適。不過下不下雨，還是看大帝臉色，只要是活動舉行當下，無論遶境、送神，還是上刀梯、過火炭，都不會下雨，活動結束，大雨才會嘩啦嘩啦的落下。不相信嗎？去一趟九皇勝會吧！

住方面

　　建議住在普吉老街區，可佔盡地利之便，最後四天，天天都能遇見遊行。距離水碓與網寮斗母宮都是十分鐘左右的腳程，若要上山前往內杼斗母宮，則是二十分鐘車程。

行方面

　　無論遶境還是送神，全城有一半道路封閉，步行是唯一的移動方式。此外，方便鑽來鑽去的計程小機車，隨叫隨停，搭上車就能少走一段路，只要見到就可試著談價錢，基本上是每人50銖起跳，過節嘛……別計較太多了。

曼谷出發前往普吉

普吉機場是泰國第三繁忙的機場，僅次於曼谷兩大機場。經營「曼谷—普吉」航線的航空公司多達七家，其中泰國航空（Thai Airways）、泰國微笑航空（Thai Smile Airways）與曼谷航空（Bangkok Airways）為提供 Full Service 的公司，都是以蘇萬那普（縮寫 BKK）做為出發機場，光這一點就與從廊曼機場（縮寫 DMK）出發的廉價航空不同。乘客擁有 20 公斤行李托運限額，可選座位，里程累積，依艙等更改時間或免費取消。曼谷航空更是每人憑登機證，即可進入貴賓室候機，享用咖啡、飲料與小點心。

我的建議是，當遇連續假日或太晚購票時，廉航票價高到不可思議，此時可查詢 Full Service 的航空公司票價，說不定會有驚喜。

曼谷航空在蘇萬那普機場的貴賓室，乘客憑登機證可進入候機

普吉機場到普吉市區

從島嶼北邊的普吉機場到東南邊的普吉鎮，車程至少四十分鐘，計程車公定價為每輛車 650 銖，可搭乘三人。前往巴東海灘（Patong Beach）的代價更高，要價 800 銖。就算使用 Grab 叫車，也是差不多價格。如果預先利用 Klook 訂車，可刷卡，還能累積 Klook 點數，是稍微划算的選擇。機場共乘小巴的費用為每人 180 銖，小巴由旅行社經營，會將乘客載到自家轉運站，依據島上目的地而再分一次車，等待時間還順便販售島嶼行程，花費比計程車多一倍的時間。

搭長途巴士前往

曼谷搭乘跨夜巴士，需在南部巴士總站（Southern Bus Terminal）搭車，國營巴士（บขส.；Transport Co. Ltd）提供每日六個班次，票價 603 銖起跳，車程十四個小時抵達普吉巴士總站。

長途巴士公司 Transport Co. Ltd
官方網頁：http://home.transport.co.th/

普吉在地交通

普吉島一切都好，就是交通費貴得離奇，Grab 叫車系統也一樣。沒關係！還是可以在鎮上的巴士舊站搭乘在地交通工具，從普吉鎮到巴東海灘的巴士，每個小時發車，票價只要 50 銖。

搭乘在地巴士，來往巴東與普吉鎮只要 50 銖

地區介紹

懷舊普吉鎮，迷人的混血風采

　　我好喜歡普吉鎮，因為充滿靈魂。十六世紀，葡萄牙人首先來到普吉。十七世紀荷蘭人、英國人與法國人，也先後來到島上，豐富礦產是列強覬覦的目標。拉瑪三世時期，大量華人移民來到普吉採礦，之後就定居下來。鎮上混合式建築風格，代表了歐洲文化洗禮，與離鄉華人的貢獻。攀牙路（Phangnga Rd）是全島商業中心，數家銀行坐落在此。像是開泰銀行以挑高的半圓拱柱做為門面，屋頂的弧形窗簷與雕花，就帶有濃烈的殖民地色彩。塔廊路（Thalang Rd）與羅曼尼巷（Soi Rommanee），曾經是上流富人居住地，融合閩南長屋特色與葡式風格的建築，搭配多彩色調，讓人心情大好。現在，此處大多已成為小旅社、咖啡館與特色小店，每到週日，會有市集沿著塔廊路擺攤，光線一打，越夜越美麗。

普吉老街區的九世王壁畫

塔廊路的週日市集，光線一打，越夜越美麗

高空酒吧的夕陽海景最適合小酌了

同時欣賞海景與舊城的高空酒吧：Estrela Sky Lounge

普吉島有七間諾富特酒店，只有兩間是五星級，鎮上的諾富特普吉佛基特拉（Novotel Phuket Phokeethra）是其中一間。十八樓的 Estrela Sky Lounge，是個能夠舒服喝點小酒的高空酒吧，也可同時見到海景與舊城景觀，距離網寮斗母宮約五分鐘腳程。每天下午五點到七點有 Happy Hour，酒精飲料買一送一，全身白衣過齋節，一樣喝得嗨心。

米其林推薦家鄉菜：Tu Kab Khao

攀牙路老宅改建的新潮餐廳（Tu Kab Khao），主打普吉家鄉菜，讓米其林指南選為普吉島的推薦餐廳之後，人潮更是絡繹不絕！即使齋節，也依舊賣葷菜。店內佈置成上流豪宅，白色系配青花瓷地磚，大量古董裝飾，優雅迷人。推薦普吉燉豬肉（หมูฮ้องภูเก็ต；Phuket Local Stewed Pork），醬油滷汁收的特別乾，刻意去骨的豬排骨帶有甜味香氣，每一口都有外婆的味道，華人魂超濃厚。三天之內，我們登門吃了兩餐，就知道有多合胃口了。

普吉燉豬肉，是華人的老味道

米其林光環照耀的高人氣餐廳

普吉九皇勝會五日遊

　　五日遊？沒錯！參與九皇勝會的壓軸三日，三天都有遶境巡遊。送神之夜被鞭炮炸到心滿意足之後，隔天再到度假沙灘或周邊小島徹底放鬆兩天，隨便加一加都可以玩到五日，好滿足！

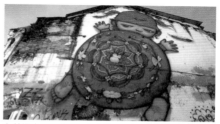

有著混血風采的 Phuket Street Art

第一日／初七	搭機抵達普吉機場 → 入住酒店放行李 → 水碓斗母宮遶境 → 水碓齋節市集 → 高空酒吧 Estrela Sky Lounge（供應酒精飲料）→ 網寮斗母宮上刀梯 → 網寮齋節市集
第二日／初八	酒店早餐 → 內杼斗母宮遶境 → 普吉家鄉菜 Tu Kab Khao（非齋食）→ 人氣甜點 Torry's ice cream → 逛老街 Phuket Street Art → 網寮斗母宮過火炭 → 網寮齋食市集
第三日／初九	酒店早餐 → 浪魯瑞文堂遶境 → 逛購物中心 Central Festival Phuket → 網寮斗母宮過運橋 → 特色咖啡店 Coffs & Burgh → 初九送神出海
第四日	酒店早餐 → 接駁車接送至 Yacht Haven Marina → 搭快艇直奔閣遙島 → 入住 TreeHouse Villas
第五日	泳池畔豐盛早餐 → 快艇直送本島碼頭 → 接駁車送至普吉機場 → 搭機返回曼谷

推薦住宿

　　普吉鎮住宿特別多,從創意青旅到老屋精品酒店,甚至連國際品牌連鎖五星酒店,應有盡有,價格也頗有競爭性。假如行李不多,或根本不介意拖行李換房間的人,乾脆天天換酒店吧!每天入住不同風格的住宿,遇見不同的人,也是旅途上的樂趣。

藍猴樞紐酒店(Blu Monkey Hub and Hotel)

　　四星精品酒店,加入明亮咖啡店與 24 小時 Co-Working Space,採用大膽鮮明的黑白雙色,不只氣氛很潮,價格也佛心。酒店提供自助洗衣機,超迷你健身房,還有個淡藍色小泳池,光用眼睛看也頗有度假感。這種全新建案的酒店就不會出現在老城區,但也相隔不遠,腳程不到十分鐘,離普吉鎮巴士總站則走路兩分鐘就到,地理位置佳。雙人房一晚 1,450 銖起跳,還包含簡單卻滿滿誠意的早餐。

官方網頁:http://www.blumonkeyhotels.com/hubandhotel/
官方臉書:blumonkeyhhphuket

黑白色系的共同工作空間富有格調

有獨立陽台的房間

普吉島卡恩維拉酒店（Karnvela Phuket）

位於老城街區，普吉島卡恩維拉酒店是間老建物內裝翻新的迷你酒店。三層樓建築，一樓是咖啡館與香氛紀念品店，二樓以上是客房，裝潢優雅的房間僅此四間，每房都有寬敞獨立陽台，擺了桌子與兩張椅子，適合坐在這裡欣賞老街區的來往人潮風景。九皇勝會繞境會經過酒店前的十字路口，地理位置佳。酒店還附上泰南煎餅與咖啡當早餐，我們訂到的房價是一個晚上 1,350 銖。

官方網頁：http://www.karnvelaphuket.com/
官方臉書：KarnvelaPhuket

回憶安安酒店（The Memory at On On Hotel）

作為普吉島首間酒店，位置當然最好，九皇勝會時整整被眾神遶境四次。回憶安安酒店保有懷舊氣息卻不過分陳舊，斑駁石牆搭配裸露排線，是工業風竟也平易近人。大紅燈籠高掛的大廳、隨處可見老電話、老皮箱、老留聲機、老吊鐘與各式青花瓷盤，讓人掉入百年前的峇峇娘惹（บาบ๋า-ย่าหยา）風情。邀請英文輪轉的菲律賓籍人員當作前台第一線，這通常是五星酒店的做法，卻在三星級的老酒店也能見到，用心啊！回憶安安酒店是間販售優雅回憶與服務的酒店，來到普吉鎮的旅人，都應該住一下，一晚才一千銖出頭一點點。

官方網頁：http://www.thememoryhotel.com/
官方臉書：MemoryatOnOn

電影《海灘》取景過的回憶安安酒店

231

樹屋別墅度假村（TreeHouse Villas）

到閣遙島沙灘體驗叢林樹屋！普吉周圍小島星羅棋布，當本島沙灘已開發極致，新競爭者也只能往小島新闢戰場，打造頂級度假村。閣遙島（เกาะยาวน้อย；Koh Yao Noi）上的樹屋別墅度假村就是一個例子。小島夾在普吉與喀比（กระบี่；Krabi）之間，離普吉近一些，快艇航程四十五分鐘可抵達，碼頭距離普吉機場只有十五分鐘車程。

叢林風是樹屋別墅度假村的主題，挑高的馬卡龍綠色鋼骨樹屋精緻，看起來就像藍色小精靈的家，內裝卻有著高科技，以輕鬆度假為訴求。獨棟樹屋分為上下兩層，上層是臥室空間，採用大自然的溫暖建材，天花板直接用竹片與木條，一片一片的拼貼。叢林中蚊蟲無法避免，因此提供蚊帳。關掉冷氣，推開所有落地窗，半空中的樹屋極其通風，好舒服。下層則是個被綠蔭包圍的生活空間，私人酒吧、懶人椅與發呆床，還有按摩浴缸 SPA 泳池，望出去就是沙灘與大海。

官方網頁：https://www.treehouse-villas.com/
官方臉書：TreeHouseKohYao

離開本島，獨特的叢林樹屋體驗

解夏夜祭典，湄公河岸最盛大的火船巡遊

喜歡夜之祭典。火光搖曳、煙火絢麗，每盞燭火代表一個心願與祝福，置身其中，得到無比感動。最重要的是，燭火能帶給人們一股安定心靈的力量。看到這裡，又是年底，相信你心中會浮現「水燈節」三個字。等一

火船使用多達四萬盞火燈，壯觀無比

下！別衝這麼快，這篇文章的主題，距離放水燈的日子還差一個月呢！

這樣想也沒錯，我來到那空帕農（นครพนม；Nakhon Phanom）之前，也認為水燈節是泰國節慶中，夜祭典的唯一代表。不過，泰國其實還有燦爛奪目的湄公河火船祭（งานประเพณีไหลเรือไฟ；Illuminated Boat Procession），只是尚未登上《孤獨星球》（Lonely Planet）封面，沒被眾多旅人知悉。

請閉上眼睛，想像一下火船祭場景。泰、寮兩國交界的湄公河上，寬闊的河道成了夜裡最大的舞台，十四艘兩層樓半的火燈船，數萬盞靈幻火光排列成圖案。燈船以緩慢速度順遊湄公河，拉成細絲的椰殼水燈漂浮於兩旁陪伴，與今夜獻祭的主角，岸邊巨型帕亞納地標相互輝映。這景象，從視覺上到心靈層面，都給人一種不可思議的魔幻之感。

解夏日舉辦湄公河納伽龍舟比賽

結夏安居的最後一夜，湄公河上火船祭

泰曆八月十六日開始，三個月的雨季期間，僧侶群聚寺院同修，是從古印度佛陀時代流傳下來的佛教齋節，稱「結夏安居」。安居在泰曆十一月十五日的解夏日劃下句點，氣侯跨越到雨量漸歇、溫度較低的涼季，僧人恢復外出化緣的日常。人們會在解夏日進入寺院奉獻，奉獻品以僧人外出所需為主，例如全新的僧衣。大型慶典也因為雨期離去，而逐漸活絡起來。即使近幾年氣候變異，雨季尾巴總拖拉賴著不想走，沒關係！湄公河岸城市有帕亞納罩著。

解夏日的前天早晨，我們在曼谷廊曼機場搭機，此時天使之城還籠罩在細雨朦朧的憂鬱裡。九十分鐘航程後，彷彿飛到另一個國度，那空帕農已遵循時令，轉變為乾爽、無風，早晚帶著涼意的氣候型態，相當適合火船巡遊舉行。

2018 年火船節天數長達九天九夜，從西曆十月十七至二十五日，活動包含火船巡遊與納伽龍舟賽、帕農舍利寺的五百人舞蹈獻神、九場演唱會與河岸大夜市。高潮是二十四日解夏夜的火船巡遊，在泰、寮兩國擁有相同習俗的城市中，沒有一個城市的巡遊規模，能與那空帕農相提並論。

從解夏點燈到漂流火船，一切都與湄公河有關

佛祖在得道後第七年的結夏安居期間，上到須彌山為母親摩耶夫人（มายาเทวี；Maya Devi）說法三個月，並於解夏日重返人間。信眾們因此在解夏夜，為佛祖燃起象徵光明的燭火，以迎接佛祖回歸。如此的點燈習俗，從瀾滄王國流傳下來，當時的王國幅

火船巡遊習俗，起源於瀾滄王國的時代

員遼闊，包含現今寮國、緬甸、中國雲南與湄公河流域的泰東北區。時至今日，相同起源，在不同地區有著不同詮釋。

湄公河岸的人們相信，棲息在河水深處的帕亞納是亦正亦邪的神獸，當帕亞納未受到人類恭敬對待時，會製造水患。因此在解夏日舉辦龍舟賽，只是船頭不是龍，而是納伽圖騰，感謝雨期的照顧。解夏夜不只點燈，更將燈火漂於水面，並漂流火船（ไหลเรือไฟ；Lai Reua Fai），目的是對帕亞納獻火。向帕亞納致敬的解夏習俗，在同為湄公河岸的寮國龍坡邦、永珍也能見到。

火船的形式

傳統火船（เรือไฟโบราณ；Reua Fai Boran）分兩種。一種是代表個人的迷你火船，利用芭蕉樹的空心葉鞘（樹幹部位）折成小船模樣，以竹籤固定，船身放入爆米花，擺入蠟燭與蠟燭與線香，並灑入花瓣。中型火船就是漂浮供桌，用竹竿、木片搭成，再架起芭蕉葉當風帆，人們將供品放在桌上，點燃船頭，任其順流，獻祭帕亞納。時代進步，偉大的帕亞納也響應河流護育。擺了供品的火船，在代表性的舉行了獻祭儀式之後，會留在岸邊的菩提寺（วัดโพธิ์ศรี；Wat Pho Sri）由專人善後。向帕亞納獻火的重頭戲，就交給現代化的大型火船來執行。

船上火燈，排列成舍利佛塔與蛇神納伽等圖案

師父以廢鐵罐當做盛裝煤油的火燈

岸邊滿滿等待火船巡遊的人潮

火船巡遊暨湄公河煙火秀

特別打造的平底木船，船身 80 公尺，基底架起兩至三層樓高的竹竿架。以廢鐵罐當作盛裝煤油的火燈，師父將火燈以相同間距固定於鋼絲上，再拉到竹竿架上，排列成佛祖故事、舍利佛塔與蛇神納伽等圖案。火燈密集，每船多達四萬盞，點火後，無比壯觀。火船還暗藏煙火機關，讓傳說中不會噴火的納伽都能吐出火焰。

解夏之夜，十四艘火船輪流登場，以泰國旅遊局辦公室為起點，終點在財富江景那空帕農酒店前，航行路線四公里。河岸步道上，擠滿自備草蓆席地而坐的觀賞人潮，後方馬路是露天大夜市。泰國人一直很懂得享受生活，買了美食，坐在河岸，邊吃晚餐邊看燈船，舒服暢快。

解夏夜傍晚在湄公河河岸用餐，一起來吃流水席

錯過流水席也沒關係，湄公河遊船天天出航，帶大家到河上吃晚餐

人生第一次在湄公河岸吃流水席

主辦單位在河岸規劃百桌席次的流水席，搭建舞台表演歌舞，與火船煙火秀拚場。火船的火光會逐漸熄滅，越靠近起點的燈火就最密集。設宴地點在旅遊局辦公室旁的兩百公尺處，正是第一個表演區，每艘火船經過此區，開始施放煙火，無所不用其極的吸引眾人目光。席次以桌為單位，每桌 3,600 銖，可坐到八個人。菜色吃什麼？根本不重要，我只記得燦爛煙火在頭頂與河上絢麗的炸開，流水席是觀賞火船祭的最佳地點。

我試著清點河岸舞台數量，四公里的巡遊距離，每五百公尺就有一個舞台，歌唱與舞蹈表演整晚不歇。離河岸約十分鐘的腳程，國家圖書館（หอสมุดแห่งชาติเฉลิมพระเกียรติ；Chaloem Phra Kiat National Library）斜對面空地，搭建演唱會規模的正式舞台，連續九個晚上都有叫的出名字的泰國歌手與樂隊登台。最高潮的解夏之夜，輪到搖滾天團 Big Ass 上場，人潮擠爆。

帕農舍利塔前,五百人傳統舞蹈獻神

相傳帕農舍利佛塔（พระธาตุพนม,Phra That Phanom）始建於西元前530年,是泰東北區歷史最古老的舍利塔,因為倒塌而在瀾滄王國時期重建。造型與永珍塔鑾（พระธาตุหลวง；Pha That Luang）類似,但僅限於塔頂上半的橢圓尖頂,正方形基底則為本地特色。塔身如同生命樹的金色菩提葉雕花,繁複細膩,讓人不自覺驚嘆。當中供奉佛祖的胸骨舍利,為猴年出生之人的生肖本命塔。若以停車場外滿滿的樂透彩券攤位,來當衡量當標的,其心想事成的靈驗程度,可想而知。由於香火極其鼎盛,寺廟維護做得好,看起來就像新的一樣。

參加東北節慶,總要見識百人群舞的場面,所以一定要在解夏日的上午八點前抵達帕農舍利塔,才能一睹五百人同時跳著傳統舞蹈獻神的盛況。儀式進行時,佛塔上空出現難得一見的兩圈光暈（Halo）,這也太戲劇化了吧!

穿著傳統衣服的舞者在帕農舍利佛塔前合照

曼谷出發前往那空帕農

飛機

　　亞洲航空（Air Asia）與皇雀航空（Nok Air）每日都有直飛「曼谷—那空帕農」的航線。亞航提供上午、下午與傍晚共三航次，皇雀也有兩個上午航班前往，總共五個班次，一同推動那空帕農即將起飛的觀光發展。航程九十分鐘，票價單程千銖起。依舊老話一句，只要節慶期間，票價就會翻倍，要訂票務必提早。抵達機場後，有小巴士接送市區，每人 100 銖，下車地點可選擇巴士站或是河岸鐘塔與地標帕亞納。

長途巴士

　　從曼谷北部與東北部巴士總站（Northern & Northeastern Bus Terminal）搭乘跨夜巴士，第一推薦 Nakhonchai Air 公司，每日三班次前

鐘塔也是那空帕農的交通地標

往那空帕農，票價一律 580 銖。第二選擇是國營巴士（บขส.；Transport Co. Ltd），每日五班次，票價從普通座位的 386 銖起，到半躺的 773 銖票價皆有，車程十二個小時抵達那空帕農巴士總站。

長途巴士公司
Nakhonchai Air
官方網頁：https://www.nakhonchaiair.com/
Transport Co. Ltd
官方網頁：http://home.transport.co.th/

那空帕農在地交通

在河岸，雙腿與單車是最佳的移動工具。如果懶一點，那就跳上嘟嘟車吧！即使需要喊價，也價格公道，每人 20 銖起跳。

當地的嘟嘟車

近距離靠近火船，場景迷幻又震撼

納伽之城，帕亞納在罩的城市

那空帕農的形狀，像個傾斜四十五度的上弦月掛在湄公河，也像極了弓張身子的帕亞納。南北狹長，河岸長度達兩百公里，無論民間信仰還是人民日常，受大河崇拜的影響極其深遠，尤其是對帕亞納的迷戀。

納伽（นาค；Naga）是印度教神話中的蛇神，河流守護神，有呼風喚雨的技能。帕亞納（พญานาค；Phaya Naga）是高於納伽的蛇神之王，在婆羅門教、佛教經典都曾有過記錄，並詳述其樣貌。納伽頭上有冠、鱷魚嘴，有著蛇形體、魚鱗片。也有人說納伽就是中國的神龍，但是納伽不噴火，不懂騰雲駕霧，卻與神龍一樣能布雲作雨，帶來五穀豐收。高於納伽之上

的帕亞納，同樣有蛇形，卻擁有七顆頭，象徵能力無窮。

巨大帕亞納像是那空帕農的地標

243

處處可見納伽造型路燈和旗幟

　　泰國文化當中，納伽與帕亞納都是護法神獸。釋迦牟尼得道後，某天端坐禪思，未知暴雨將襲。雨前，帕亞納突然出現，盤踞佛祖身後，弓張七頭身而成為保護傘，讓佛祖免於驟雨侵襲。雨停後，帕亞納化身俊美男子，守護佛祖身邊，代表其對於佛法的崇拜。神蹟發生在週六，帕亞納盤踞佛祖身後的佛陀法相，就是泰國的週六生日佛（พระพุทธรูปนาคปรก；Phra Pam Nagaprok），守護週六出生的人。還有，泰國北部與東北區的寺廟階梯、牆簷斗栱與飛簷，及直指天際的山牆雕花，都能見到由納伽衍生的建築圖騰。神獸鎮住寺廟入口、支柱與制高點，代表佛法的永恆守護。

　　走在那空帕農，處處能見納伽圖案。河岸步道的路燈是納伽造型，有兩隻納伽分別含著燈泡，或是七隻納伽圍成一圈，用頭頂將路燈托起來，可愛極了。第三座泰寮友誼大橋就位在那空帕農，橋上每盞路燈代表一隻

岸邊的燈船巡遊，有看見在噴水的帕亞納嗎？

越式牛肉米線：Kuay Teow Ba Kaew

　　西元 1928 年，胡志明帶了近萬人的越南族群來到那空帕農，定居三年。胡志明返回越南後，大部分人選擇留在泰國，也把越式料理帶入這座城。不過那空帕農的越南菜並未忠於原味，多少受到泰式料理影響，帶著濃濃 Fusion 之感。ก๋วยเตี๋ยวป้าแก้ว（Kuay Teow Ba Kaew）是牛肉米粉湯專賣，把越式河粉的改成泰式麵條，湯頭保留越式鮮甜，牛肉鮮嫩，超大碗才賣 50 銖。也可以單點川燙牛肉，相當好吃。麵店從早上八點開到下午三點，不過大約過中午就會賣完。

泰越 Fusion 牛肉河粉

納伽的尾巴，優雅美麗。最熱鬧的河岸三字路口，立了一尊巨大帕亞納像與祭壇當做城市地標，這隻帕亞納還會噴水，擺明要跟新加坡的魚尾獅拚了。解夏節的前一個月，有位女富人因為在帕亞納前許願，中了九百萬銖的樂透彩金。隔幾天就在帕亞納像前，封路舉辦音樂會還願，感謝帕亞納的照顧。光是這一點，我想是帕亞納贏了魚尾獅。

認清這個招牌

越式腸粉

另一個銅板美食 ปากหม้อ 是越式腸粉（Bánh Cuốn）的對應發音，北越傳統小吃。作法有趣，大姐坐在蒸板旁，用杓子將大米醬汁均勻和開，待餅凝固皮成狀，再用竹筷子挑起餅來，我第一個念頭「就是可麗餅嘛……」只是這個越式餅皮比較軟嫩，雞蛋腸粉的口味甜嫩，加豬肉餅的吃起來口感奇妙，適合配咖啡。

特色咖啡店：76A The Club

76A The Club 靠近週末夜市的鐘塔區，與湄公河僅隔一條街，窗外能見河景。建物維持老屋長條又深邃的格局，改造成四個以白色為主的相連空間，冷氣房、會議室、宮廷風與派對草地，邀請插畫家於牆上塗鴉，草地放了一台重低音 Bose 喇叭，隨時可開趴。櫃檯前的靠窗位置一位難求，在這裡不只能欣賞河景，咖啡師操作咖啡機時彈跳誘人的二頭肌，也是美麗風景。

餅皮作法神似可麗餅

認真調製飲品的咖啡師

雞蛋腸粉嚐起來口味甜嫩

灑滿肉桂的美味咖啡

具特色的店招

那空帕農火船節三日遊

只要有大河流經的城市，都不會讓人失望，那空帕農也是。這座城有老街、河岸步道、越式料理、殖民式建築群，有泰佛寺、天主教堂，還有千年歷史的猴年舍利塔，有週末夜市，更有鬧到深夜的河岸夜店。三天兩夜其實緊繃，建議應該要待上四天三夜才更能體會河岸放空的漫活感受。

第一日 / 解夏前一日	搭機抵達那空帕農→入住酒店放行李→吃越式牛肉米線→帕亞納地標→逛市區和古城→河岸步道騎單車→傍晚在湄公河遊船吃晚餐（Mekong Paradise Cruise）→逛夜市
第二日 / 解夏日	前往帕農舍利佛塔→五百人傳統舞蹈獻神祭典→Rueang Aram Ratsada Gate Arbor 旁邊吃早餐→粉紅佛塔（พระธาตุเรณูนคร；Wat Phrathat Renu Nakhon）→胡志明友誼村（บ้านลุงโฮจิมินห์）→嚐越式腸粉→菩提寺漂流火船→湄公河火船祭
第三日 / 解夏日隔天	酒店早餐→走訪天主教堂（วัดนักบุญอันนา หนองแสง；Saint Anna Nong Saeng Church）→逛總督府博物館（พิพิธภัณฑ์จวนผู้ว่าราชการจังหวัดนครพนม；Governor's Residence Museum）→國家圖書館→76A The Club 咖啡店→搭機回曼谷

也可逛逛總督府博物館

推薦住宿

　　外國旅人鮮少造訪的城，國際訂房網站的酒店選擇相對較少。實際走一趟那空帕農，發現河岸住宿不少，地理位置佳的酒店，不需要跟國際訂房網站合作，老闆照樣能將房間通通賣光。接下來分享四間住宿，前三間可在國際訂房網站找到，第四間是小民宿，價格最低，位置好，不過必須打電話才能訂房。

湄公河河岸風情

全城最貴酒店集團的房型

財富江景那空帕農酒店（Fortune River View Hotel Nakhon Phanom）

　　酒店集團「財富」在那空帕農擁有兩間酒店，四星級「財富江景」是佔地最大的一間。老酒店就是有辦法在河岸劃下整塊地當作舉辦婚禮的草地，一旁還有中型泳池，只要角度抓對，也能拍出無邊際的效果。火船節期間，房間以原價販售，跟其他住宿相比，這間確實是全城最貴。

　　但是，厲害的來了，也許是酒店有贊助整個活動，火船航行四公里之後，會在酒店前的河岸停靠，我從房間落地窗就能見火船，讓住客有無敵VIP的感覺。如此近距離的靠近火船，場景更加迷幻。解夏日的河景房價

3,400 銖包含早餐，並贈送晚上於河岸草地舉辦的露天自助餐。

官方網頁：https://www.fortunehotelgroup.com/
官方臉書：fortunenp

河流酒店（The River Hotel）

　　同樣是河岸四星酒店，河流酒店顯得設計新潮許多，餐廳酒吧（The River Bar）揉合工業風的氣氛很棒。河景房 990 銖包早餐，房間搶手，重大節日很難訂房，缺點是離市區稍遠。酒店提供 Good Morning Unseen Mekong River 的清晨遊河行程，那空帕農位於湄公河西岸，日出時從河上欣賞這座城，特別美，早上六點半出發，每人 150 銖，包含一杯咖啡。

官方網頁：http://therivernakhonphanom.com/
官方臉書：TheRiverHotel

時尚奇奇孔精品飯店（Chic-Chidkong Boutique Hotel）

　　住在這裡，就跟去新加坡住在魚尾獅旁是一樣道理，因為酒店斜對面就是地標帕亞納。一樓是個咖啡廳，二樓有個落地窗與軟骨頭，可在此欣賞河岸風光。平日 900 銖包含雙人早餐，若遇連續假日與火船節時，嗯……就要看老闆心情了。

官方臉書：Chic-Chidkong-Boutique-Hotel

欣賞河岸風光，地點極佳

The P Hometel Hotel & Cafe

　　來到那空帕農，除了住在河景第一排，或是帕亞納旁，也可以選擇住在夜店區。當然啦！週末夜會有點吵。不過 The P Hometel 的一樓有間咖啡廳，二樓以上是住宿區，樓梯雖有點陡，但一直往上爬就有驚喜！原來頂樓有個祕密小花園，前方有河景，後方是川流不息的熱鬧老城區。The P Hometel 房價 700 銖，但是在國際訂房網上找不到，要訂就只能打電話，或是臉書聯繫。

官方臉書：thephometel
訂房電話：042512508

有咖啡廳和祕密小花園的好所在

11月

素可泰・水燈節暨煙火祭
Sukhothai Loy Krathong
and Candle Festival

看點特色

穿越到泰國第一王都
「幸福曙光之城」過水燈節

清邁是我第一個體驗水燈慶典的城市。搖曳燭光與彩紙燈籠連綿不絕，數以萬計的天燈齊飛、水燈施放，強烈感動之餘，讓人勇氣滿載，充滿正能量迎接未來的挑戰。當下，我與同行友人打定主意，隔年再一起去水燈傳統發源地過節，泰國的第一王都素可泰（สุโขทัย；Sukhothai）。

如果清邁將水燈佳節的人與人團聚意象，深植旅人心中，故意讓人意猶未盡，想要再次參與。那麼第二個體驗水燈節的城市，就非素可泰莫屬了。先清邁，再素可泰，已是旅人默契。我也問了幾位泰國友人，最推薦的水燈節城市是哪？得到的答案都是素可泰，只因「素可泰是一切起源」。

今晚的歷史古城，整夜不眠

素可泰水燈節帶著我們穿越到歷史劇當中

素可泰歷史公園，舉辦十天十夜的水燈節盛會

素可泰被泰國人選為最美麗的水燈節城市，2018年節慶期間，一口氣舉辦十天十夜的水燈節暨煙火祭（งานประเพณีลอยกระทง เผาเทียนเล่นไฟ จังหวัดสุโขทัย；Sukhothai Loy Krathong and Candle Festival），從西曆的十一月十六日到二十五日，創下歷年舉辦天數之最。期間有古意市集、水燈節選美比賽、水燈節遊行、大型水燈展示與水燈手作Workshop，傳統音樂會及年度煙火聲光大秀，應有盡有。很明顯的，此舉是要告訴造訪清邁的全球旅人「別等明年，今年就來素可泰吧！」而且從清邁出發，搭乘巴士只需五個多小時，比從曼谷出發近了許多。

與清邁的水燈節活動分散在城裡、城外的多個地點不相同，素可泰水燈節活動，只有一個地點，就是歷史公園（อุทยานประวัติศาสตร์สุโขทัย；Sukhothai Historical Park）。平日的公園，雖沒有大城遺址般的殘壁斷垣還帶滄桑感，但也是個太陽下山，整座城就會入眠的七百年古蹟群。所以傍晚六點後，不再有人煙。唯有水燈時節，園內的綠林樹梢、湖面上都是燈籠高掛，護城河、荷花池邊也會燃起火把烈焰。平日不在夜裡綻放的佛像、磚瓦城牆，紛紛打上溫暖燈光，鐘形佛塔也在層層堆疊的塔身，擺放一盞又一盞的小油燈。盞盞火光，是帶領人們穿越到素可泰盛世的共同暗號。

七百年的歷史場域上演聲光煙火大秀

仿古市集，連販售的銅板小食也是古意盎然

放水燈的起源

「結夏安居」在泰曆十一月十五日的解夏日劃下句點，一個月之後的月圓日，雨季尾巴的關係，河水水量最為充足。家家戶戶有在泰曆十二月十五日放水燈（ลอยกระทง；Loy Krathong）的習慣，因此稱水燈節。在這一天，人們會準備能在河上漂浮的水燈，有的是芭蕉樹幹做成，有的是椰殼當底。剪下指甲或一小根頭髮，與硬幣一同放入水燈，讓水燈順著河水流走。這樣的作法有兩種涵義，第一是讓整年度的壞運氣，包含今年所結下的冤親債主，通通順水流走。另一面，也是對河神獻祭，感謝一年來的照顧。

入夜後的水燈攤販也點上燭火，很有氣氛

穿越古今，是素可泰水燈節的主題

節慶期間，園區盡心還原素可泰王朝模樣。古意市集（ตลาดโบราณ；Talad Boran）攤家會在茅草屋裡做起生意，熱情叫賣的大媽、大姐穿起香肩小露的古泰服，我們像是走入電影場景，逛到一半，還遇到大象在路旁吃著香蕉，好可愛啊！古意市集不只復古，更是仿古，連販售的銅板小食也是古意盎然，像是將甘蔗切成小丁塊，插在細竹棍，就變成古人的棒棒糖，整個好妙。堆成小山的椰子，現場切開，填入椰奶冰淇淋，就變成椰殼冰品，不只好吃，連拍照都上鏡。

清涼的椰奶冰淇淋

七百年的歷史場域，上演聲光煙火大秀

素可泰水燈節的最大賣點，是在瑪哈泰寺（วัดมหาธาตุ；Wat Mahathat）前上演聲光煙火大秀，以縝密設計的絢爛效果包裝歷史，這是智慧傳承。我們在現場遇見好多日本旅行團，包下觀眾席當中的特定區域，並有專人口譯。原來在十一年前的第一場演出，即是為了招待日本皇室，並由泰皇太后審核劇本與橋段，隔年開始在水燈節演出至今。時至今日，參與的專業舞者與工作人員

超過兩百人。

演出全長八十分鐘，共有三個橋段。包含素可泰戰勝緬甸大軍，其中有大象對戰的戲碼；接著是蘭甘亨大帝（พ่อขุนรามคำแหงมหาราช；Pho Khun Ram Khamhaeng；1279-1298）創造泰文字母的偉大事蹟；最後一段為水燈節由來的歌舞表演。此刻，佛塔的光雕秀頓時隨音樂而變化萬千，天燈、水燈與煙火齊放，我在心中小小喊聲「這根本就是迪士尼」。演出全程泰語，而且是艱深歷史用詞，真恨不得自己曾經修

全長八十分鐘共分三段：大象對戰、蘭甘亨大帝事蹟和聲光歌舞秀的演出

過泰國歷史課。聽不懂也沒關係，配上音樂、聲光與旁白哥激情演出，感動到位，值得一看。

2018 年的節慶拉長為十個晚上，聲光秀演出多達十個場次，其中在水燈節當天（2018 年為十一月二十二日）會有兩場演出，分別是晚間七點半與特別加場的九點半場次。強烈建議，要看就看水燈節加場。全體謝幕之後，主持人宣布，歡迎大家上台拍照，然後見到周圍泰國人衝上舞台，俊美的男女主角、討喜大象群，都是群眾爭相合照的對象。最後我們回到園區的中央道路等待午夜煙火施放，跟著群眾一起放天燈，今晚，古城深夜不眠。

說實話，看到大象上場的那一刻，我感到聲光秀門票的 CP 值破表

從日出到深夜，欣賞皇都的千姿百態

晚上逛市集、欣賞煙火秀，白天就可利用來逛古城。要欣賞優雅皇都的千姿百態，從日出開始。素可泰被稱作「幸福曙光之城」，所有神佛面向正東方，好迎接曙光。太陽升起，搭配溫暖色溫，此時佛像臉上的笑容更甜、更療癒，見到的人會幸福的。

欣賞日出的地點推薦瑪哈泰寺，是歷史園區保存最完整的寺廟，四周有護城河，正是拍攝日出的好題材。繼續往北，你可以在湖水包圍的是沙詩寺（วัดสระศรี；Wat Sa Si）一睹行走佛的曼妙風采。西昌寺（วัดศรีชุม；Wat Si Chum）的巨大坐佛由方形佛殿包圍，待光影慢慢從尖型空隙照入，剛好映照在佛像面容，這一刻真讓人感動。日落要去城西郊外丘嶺地上的沙攀恆寺（Wat Saphan Hin；วัดสะพานหิน），從步道緩坡而上，可瞭望公園景色。這裡安靜、慈祥，非常適合在日出與日落時分前來，站在巨大立佛前鳥瞰古城，想像當年蘭甘亨大帝前來視察巡視偉大城市的模

西昌寺的巨大坐佛

樣，這也是一種穿越。

　　如果你參加過了清邁水燈節，更要前來體驗素可泰的版本，不同的美麗，一樣的感動。這裡少了商業氣息，更多泰國人參與，人情味也就更濃厚，況且能讓歷史公園過半夜都還人聲鼎沸，一年就這一次了啊！

城西郊外丘嶺地的沙攀恆寺

曼谷航空直飛素可泰

素可泰機場位於歷史園區的北邊，宛如綠意盎然的花園，大廳與候機處都是半開放式的泰建築，遠看像度假村，是全泰國最有古典美的機場。此機場由曼谷航空（Bangkok Airways）建造並擁有唯一使用權，「曼谷—素可泰」航線為獨佔經營，每日三航次，航程八十分鐘。曼谷航空提供 Full Service，可進入專屬貴賓室候機，來回票價 3,500 銖至 4,000 銖左右。降落之後，包車進入歷史公園，費用 300 銖，車程半小時。

皇雀航空的鳥喙機頭超可愛

廉航飛抵彭世洛，轉車進入素可泰

如果覺得曼谷航空代價稍高，沒關係，東邊相鄰的彭世洛（พิษณุโลก；Phitsanulok）有機場供廉航起降，距離素可泰約八十公里路程，車程九十分鐘。

亞洲航空（Air Asia）與皇雀航空（Nok Air）都有經營「曼谷—彭

世洛」航線，總共六班次，來回票價1,300 銖起，價格是曼谷航空的三分之一，但是別忘了，還要增加九十分鐘的接駁時間。兩家航空有提供城市接駁（City Transfer），由航空公司安排小型巴士直送素可泰，購票時直接選擇素可泰，就會將機票往上加 250 銖，成為一條龍的套裝票券。亞航的下車地點為 Tharaburi Resort，皇雀航空則是以 Coffee House by Sinvana 做為歷史園區的接駁集合地點。

彭世洛建議行程

　　說實話，人都已經降落彭世洛，沒見「成功佛」一面就搭車離去，這還真的說不過去。彭世洛的成功佛是泰國國寶三佛像之一，另外兩尊都在曼谷，分別是玉佛寺的玉佛與金佛寺的金佛。建議城市接駁只購買回程，去程先停留彭世洛，前往大廟（วัดใหญ่；Wat Yai）參拜成功佛（พระพุทธชินราช；Phra Buddha Chinnarat），吃過吊腳河粉（ก๋วยเตี๋ยวห้อยขา；Kuay Teow Hoi Kha）之後，再自行搭車前往素可泰。

供奉於大廟當中的成功佛，香火鼎盛，信徒紛紛前來參拜

吊腳河粉

從彭世洛前往素可泰

　　彭世洛有兩個巴士站，請在舊巴士車站（สถานีขนส่งผู้โดยสารพิษณุโลกแห่งที่ 1）搭乘小型巴士前往，於素可泰新城車站下車，費用 43 銖，車程時間九十分鐘。再從新城巴士站轉乘大雙條車到歷史園區，公訂價 30 銖，車程二十分鐘。

素可泰新城巴士站

來往素可泰新城車站與素可泰歷史公園的大雙條車

曼谷搭乘長途巴士前往

　　在曼谷北部與東北部巴士總站（Northern & Northeastern Bus Terminal）搭乘長途巴士，第一推薦專營素可泰路線的 Wintour 巴士，一天多達十六班次，單程票價 356 銖。第二選擇是國營巴士（บขส.；Transport Co. Ltd），每日兩班次前往素可泰，票價 248 銖起。所有前往素可泰的巴士都只停靠新城車站，除了國營巴士提供每日一班次的專車，直達歷史公園。專車晚上十點發車，隔天凌晨五點多抵達，票價 241 銖。這專車是所謂的日出班次，下車後就直接走入園區等待日出。長途巴士的冷氣都維持二十度，雖然車上會發毯子，但還是建議帶件小外套隨身，別感冒了。

長途巴士公司
Sukhothai Wintour
官方網頁：http://sukhothaiwintour.com/schedule.html
Transport Co. Ltd
官方網頁：http://home.transport.co.th/

清邁前往素可泰

於拱廊巴士站（Arcade Bus Terminal）搭乘 Wintour 巴士，票價 207 銖，可選擇停靠素可泰歷史公園的車次。巴士先經南奔，再往西邊繞進去來興府（ตาก；Tak），最後才會抵達素可泰，總車程要五個半小時多。

素可泰在地交通

新城車站，距離歷史公園十二公里，這段路需要車輛接駁。大雙條車單趟 30 銖，營運時間為上午六點至傍晚五點半。其他交通選項包含 Tuk Tuk 或摩托三輪車，單趟 150 銖，人數可搭乘至四至五人。中型雙條車則是單趟 200 銖，可搭乘至八人左右。要逛園區，當然可以用強健雙腿逛完，不過都比不上騎單車來的恢意，公園門口就有租車行，費用一天 40 銖。

在歷史園區裡恢意騎單車

也可搭嘟嘟車遊覽歷史園區

泰國的第一王都，幸福曙光之城

　　素可泰，是泰國歷史軸線的源頭。王國在蘭甘亨大帝時代達到頂峰，他毫不猶豫的擴張疆域，讓素可泰王國成為昭披耶河流域的權力中心，中南半島上的強權國家。現今的寮國龍坡邦（Luang Prabang）與永珍（Vientiane），甚至緬甸勃固（Bago）都曾是勢力範圍。蘭甘亨大帝還將上座部佛教列為國教，不分王室與、百姓都信仰相同宗教。並利用古高棉文來標記泰語，創建適合泰語環境的泰文字母（อักษรไทย：Akson Thai），泰文字也成了世界上第一個將音標直接標在文字上的語言。因為有了文字，泰文化的獨特藝術風貌與萬種風情，才能夠獲得記錄並傳承下來。現今人們的對於「泰」（ไทย；Thai）字的各種想像，都是從素可泰開始累積。

泰文字母是由蘭甘亨大帝所創建

素可泰歷史公園 · 園區資訊

　　售票中心營業時間為上午八點半至傍晚六點，若在凌晨五點半進入公園等待日出，是不會有人攔阻的，可以過了八點半再回到售票處補票。園區門票依中區、西區與北區遺址而分別收取 100 銖，所以完整一日的總入園票價為 300 銖，票券需隨身攜帶，讓專人查票。水燈節期間，歷史園區免費入場。

　　蘭坎亨國家博物館（พิพิธภัณฑสถานแห่งชาติรามคำแหง；Ramkhamhaeng National Museum）門票 150 銖，開放時間為九點至下午四點，週一休館。

處處可見單車旅人的素可泰園區

幸福曙光，感受神佛風采

婀娜、優雅 S 曲線的行走佛

來到素可泰,要吃素可泰炒麵:
Kacha Cafe & Restaurant

這家 Kacha 位於蘭甘亨國家博物館正對面,小小一間店,菜單千變萬化,泰國北中南三地的經典菜色、泰式甜點,甚至歐美排餐都能夠端上桌,好強大!素可泰炒麵(ผัดไทยสุโขทัย;Pad Thai Sukhothai)看起來就是泰式炒河粉(ผัดไทย;Pad Thai),泡過醬汁的麵體帶有水分,炒過之後更有嚼勁,同時加了大量青菜與花生顆粒,以及更多的糖與辣椒。對了,泰北咖哩麵(ข้าวซอย;Khao Soi)這裡也吃得到喔!

美味的素可泰炒麵

午夜時分施放天燈和水燈

素可泰水燈節三日遊

歷史公園遺址將近七十處，如果只抓探索重點遺址，一天可以逛完（我就幹過這種事）。但是！一直看古蹟也會視覺麻痺。建議安插四星度假村的SPA療程，甚至到北邊的西撒查納萊歷史公園走走，讓行程多些變化，更好。

第一日 ／ 水燈節前日	前晚搭乘巴士前往素可泰 → 抵達古城，瑪哈泰寺看日出 → 走訪西沙瓦寺（วัดศรีสวาย；Wat Si Sawai）和沙詩寺 → 酒店入住休息 → 素可泰斯瑞威萊度假村享用午餐與SPA → 沙攀恆寺賞日落 → 參與水燈節活動
第二日 ／ 水燈節正日	西昌寺日出 → 西撒查納萊歷史公園（อุทยานประวัติศาสตร์ศรีสัชนาลัย；Si Satchanalai Historical Park）一日遊 → 水燈節聲光煙火大秀 → 午夜煙火與天燈施放
第三日 ／ 燈節隔日	睡到自然醒 → 蘭坎亨國家博物館 → 嚐素可泰炒麵 Kacha Cafe & Restaurant → 走訪環象寺（วัดช้างล้อม；Wat Chang Lom）→ 返回曼谷

推薦住宿

古城太空班民宿（Space Ben Guest House @ Muangkao）

絕對是古城區的最佳落腳處，古城太空班民宿就在歷史公園內，蘭坎亨國家博物館正後方，距離瑪哈泰寺只要三分鐘腳程，適合打定主意住在園區，早上追日出，傍晚賞日落的旅人，尤其是攝影客。自宅老房改建，

僅三間房，房間整齊乾淨，只能在 Booking.com 網站訂房。雙人房一晚 850 銖，雖然不包含早餐，但是提供免費水果、牛奶與麥片。

古城太空班民宿地點絕佳，舒適乾淨

素可泰斯瑞威萊度假村（Sriwilai Sukhothai Resort & Spa）

我一直覺得，素可泰是個很有度假感的古城，尤其當全新度假酒店開業之後，這種感覺更濃厚了，可讓人多待幾天。素可泰斯瑞威萊是一間被綠色田園與荷花池所圍繞的四星精品度假村，建築設計融合泰式的朱紅屋頂與白色系後殖民地風格，田園旁邊

設置一個真的可以游泳的泳池，泳池畔能見到古蹟佛塔，讓人賴著就不想離開。基本房型平日 3,500 銖起，包含早餐。距離歷史園區約五分鐘車程。

官方網頁：http://www.sriwilaisukhothai.com
官方臉書：sriwilai.sukhothai.hotel.thailand

泰泰素可泰民宿（Thai Thai Sukhothai Guesthouse）

雖然說是民宿，但其實是泰式的度假村，擁有獨棟小木屋房型，還有泳池可以使用。員工友善，入住時特別附上中文版的美食地圖，包含景點與交通介紹，相當貼心，難怪評價特別高。基本雙人房型為 1,100 株，包含早餐。距離歷史園區約五分鐘車程。

官方網站：http://www.thaithaisukhothai.com
官方臉書：ThaiThaiGuestHouse

素可泰香氣度假酒店（Scent of Sukhothai Resort）

雙層樓的洋房圍成一個四合院的樣子，中央是綠色草地花園與游泳池，三星級的房間設計簡單，依舊很有度假風。一樓的雙人房 1,250 銖包含早餐，二樓擁有自家陽台，房價 1,500 銖。距離歷史園區約五分鐘車程，走路二十分鐘。

官方網頁：http://scent-of-sukhothai-resort. hotel-ds.com/en/

呵叻・大山音樂節
Big Mountain Music Festival

泰國樂壇年度盛事
東南亞區最大音樂節

十二月了，就算拖泥帶水的雨季尾巴也終究要離去。此時，泰國正式進入乾燥的涼季時期，日照縮短，氣溫降到討人喜愛的區間，適合舉辦戶外活動。加上兩大國定假日散落月初，沒放假也一起喊燒的聖誕節也堵在月底，所以許多創意市集、音樂祭，便都選擇在十二月登場，檔期滿滿的一路嗨到新年。當中規模最大、參與人次最多的，是大山音樂節（บิกเมาน์เทนมิวสิคเฟสติวัล；Big Mountain Music Festival；縮寫：BMMF）。

從 2010 年初生之犢的兩萬人次開始，音樂節每年進化，經歷場地更換，2016 年因泰王 普密蓬離世而取消。蟄伏一年，2017 年盛大回歸，還將規模推進七萬人次。2018 年已是大山音樂節的第九屆，目標十萬人次，並向日本 Fuji Rock Festival 看齊，是東南亞最大的戶外音樂節，沒有之一。

在森林中聽團，整個超幸福的

滿足你對泰國音樂的所有期待

　　泰國最大媒體集團 GMM Grammy
登高一呼，讓主流、非主流音樂，不
分地上、地下的形形色色音樂人才，
主動將十二月初的週末空下來，只為
加入音樂節 Line up 陣容之一。音樂
類型包山包海，從正面能量的搖滾樂
隊，到八點檔催淚主題曲製造機；有
黑死搖滾金屬嗆 RAP，也有花草系小
清新，外掛爵士藍調 R&B。這頭是文
青狂熱獨立音樂場域，前面是轉音浮
誇、濃妝打扮的鄉村音樂歌手地盤，
領著全場大跳泰式鄉音扭得亂七八糟
的失控樣子。

　　至於帳棚區入口，則是不讓你睡
的 EDM Party，還重金禮聘全球百大
DJ 前來插花。對了，泰國也是有嘻哈
的，擂台區外的警衛高頭大馬，不問你
有沒有 Freestyle，反而要求出示證件，
只因內容辛辣，滿二十歲才能入場。

　　大山音樂節是泰國樂界的年度大
拜拜，對喜愛泰國音樂的樂迷，會打
從心底覺得超值。各式榜單常客一定
登台，樂迷只要入場，就能將願望清
單一網打進，連在樹下吃米粉湯都能

大山音樂節與廣仲自拍

下午的音樂類型都偏雲淡風輕，大家舒服的坐在牧
草地上享受著

遇見偶像。近年大山也廣邀各國樂手
參與，我們臺灣代表有 2017 年的盧廣
仲與巴賴等人，2018 年則是草東沒有
派對，讓大山也飄台味。

超現實的森林系音樂節

一年一度音樂節場地位在呵叻府（โคราช；Korat）的考艾（เขาใหญ่；Khao Yai），直譯為大山（Big Mountain）。橫跨四個府的大山國家公園（อุทยานแห่งชาติเขาใหญ่；Khao Yai National Park）也以考艾為名，旅人常見「大象在馬路橫行」的照片，就是來自這裡。為了不嚇壞象群，音樂節當然不辦在國家公園裡，而是在距離公園入口約半小時車程的 The Ocean Khao Yai。

會場被鬱鬱蔥蔥的森林圍繞，黃昏時草地還飄起淡淡迷霧，配上光線，呈現魔幻溫暖的超現實感。舞台間保

大山音樂節的主視覺是乳牛

有距離，音場互不影響。當然啦！樂迷跑場就會比較累（擦汗貌）。考艾是泰國酪農業重鎮，音樂節的主視覺以乳牛為題，表演舞台也是牛、小雞仔、雞蛋之類的名稱，利用回收資源搭建舞台，創意滿點又擁有獨特美感。牧草磚成了桌子、椅子，疊一疊變成床，躺著聽音樂，好享受。也難怪大山不僅是年輕樂迷最愛，連愛好踏青露營的小家庭，也攜家帶眷一同參與，大家都能在大山找到自己喜歡的音樂。

夜市人生搬進來，夜店辣妹一起來

上看十萬人的活動，光要餵飽這麼多人的胃，是極大工程。沒關係！音樂節把夜市搬進來，上百間攤家與四十輛特色餐車分散各區，全天候餵食群眾。快速上桌的漢堡薯條，泰式料理的涼拌媽媽麵、炒河粉應有盡有，我還吃到日式咖哩豬排飯、韓式起司鍋等異國料理，聽團累了就是吃，人生好幸福。攤家價格壓得很低，一間攤位只賣一種食物，加快送餐速度。

不過，特別從曼谷邀請來的人氣餐車，價位就沒在跟你客氣。總之，任君挑選啦！既然是夜市，當然有復古理髮廳、露天按摩區與露天電影院，怕你把現金花光，也有 ATM 鈔票車進駐。

音樂節三大贊助商都是賣喝的，有直接冠名的百事可樂，與酒精類的象牌啤酒（Beer Chang）和 BLEND 285 威士忌。也就是說，園區只能喝到贊助商的飲料（象牌有出礦泉水）與酒精。贊助商有誠意，響應環境護育，提供可重複使用的紀念杯，續杯有折扣。

我最佩服兩間酒商，他們不是弄幾張桌子，貼上麥克筆的手寫海報就開始賣酒。而是要搞就要搞大的！即使活動只有兩天，還是在園區打造出夜店與 Lounge Bar，巧妙設於舞台後方。在能聽到音樂，又不影響大部分樂迷的狀況下，正大光明的開趴，真是聰明。當紅歌手在主舞台唱完後，來到 BLEND 285 的 After Party 場子再唱一次，嗨翻天。有沒有酒促辣妹？啊哈！當然沒有少。

竟然還有復古理髮廳

可以擁入上萬樂迷的主舞台「摩天輪舞台」

贊助酒商直接把夜店搬進來

如何搶到「早牛」優惠票？

首先要對活動日期有個默契，音樂節會在十二月的第一或第二個週末六日舉辦。2018 年活動日期為十二月八至九日，日期與售票消息在九月十日於官方臉書公佈。大山不賣單日票券，雙日票價為 2,500 銖，早牛（就是早鳥啦，大山叫 Early Cow）票價僅1,900 銖，省下 600 銖等於是曼谷來回接駁的車票錢。早牛票只賣一日，之後就是原價，要搶到優惠票，請好好Follow 大山音樂節臉書（臉書是 big mountain music festival）。大山也推出 VIP 票券，有專屬進場通道、獨立觀賞區與廁所等福利。

結帳完畢，你會收到確認信件，活動當天到入口處憑著確認信（手機畫面即可）與護照，就可以換取活動手環，無限次數的進出會場。

靠在牧草磚聽情歌，好浪漫

住帳篷區要記得帶上防蚊液

帳篷體驗，也是殘酷限量

請好好問自己，到底要不要睡帳篷？好處是可以交到新朋友，省去額外進出園區的接駁。帳篷區設有淋浴設備、盥洗區與廁所，在十八度的森林洗冷水澡，也是一種刻骨銘心。草地不好睡，睡袋與睡墊都要自備。電音舞臺，直接堵在帳棚區入口，會一路嗨到、跳到清晨五六點，要有動次、動次陪伴入眠的心理準備。還有，畢竟在山林裡，防蚊液請多帶兩罐。如果看到這裡，都覺得是小菜一盤，那就要手刀上網搶帳篷，因為帳篷體驗，也是殘酷限量。

2018 年帳篷區擴大成兩區域，提升住宿品質，T BONE 區（對，就是牛排）若是自備帳篷，雙人位置 500 銖；

使用官方帳篷為 1,500 銖。只提供官方帳篷的 RIB EYE 區，雙人帳 2,000 銖，四人帳 8,000 銖。費用皆為入住兩晚價格，活動結束，印著牛牛圖案的帳篷，可直接扛回家當紀念。

音樂祭專屬接駁巴士

接駁巴士會在第一日的週六上午，從曼谷的北部與東北部巴士總站（Northern & Northeastern Bus Terminal）發車，搭車時間為上午八點至十點。回程時間則是第三日的週一離開會場，搭車時間為上午六點至九點。票價單程 350 銖，來回票 690 銖；車票依舊需上網搶購。

音樂節疏運小巴

音樂節結束當日，場外會出現非常多的小型巴士攤位，協助疏運上萬人潮返回曼谷或呵叻市區，這也是為何許多曼谷人只買去程（單程）的專屬接駁巴士票，回程則搭小巴，凌晨抵達曼谷。

暖心 Stamp 邀請盧廣仲上台擔任特別來賓

曼谷出發前往巴沖，轉乘在地接駁

巴沖（ปากช่อง；Pak Chong）是最靠近會場的小鎮，從曼谷北部與東北部巴士總站搭乘小型巴士，車程兩個半小時可抵達巴沖，費用 170 銖。不過，活動首日因參與人數眾多會嚴重堵車，交通時間變成五小時。抵達巴士站之後，會有接駁摩托車、雙條車，將人潮往會場送。平時，從巴沖到會場的路程只需十五分鐘，但是音樂節首日下午，車程兩倍起跳，接駁摩托車是最搶手的選擇，單程 100 銖，我覺得超划算。

無論如何，首日交通極度壅塞，專屬接駁車從八點發車是有原因的。我們當天就是不死心，十點才離開曼谷，衝入會場時，全宇宙最帥氣小隊長盧管仲已經唱完半首歌，沒關係！我們立馬衝台前，全場最嗨（覺得驕傲）。

273

最後叮嚀

十二月溫差大，中午三十度，半夜降到十八度，喝了酒之後，汗腺奔放，多帶幾件衣服更換是對的。住帳篷區，晚上更需薄外套護身。還有，同時帶件輕薄小雨衣，以防氣候詭譎；也建議穿拖鞋或運動涼鞋，因為這裡是森林系場子，你會想踩踩草地的。廁所足夠，不過坐式廁所不足，見到女生使用男生廁所的時候，也別太驚訝。音樂節周邊商品非常好買，牛牛造型的禦寒圍巾，是全場最潮單品，第一天就會完售。換取車票、入場手環與帳篷入住都需檢察護照，帳篷區需要填寫泰國電話。各家電信都有架設基地台，園區 4G 信號暢通無比，但是最好的電信商還是 AIS，因為是贊助商，全區 Free Wi-Fi 都可使用。務必下載音樂節專屬 APP，跑場資訊都靠它。

我們總是用兼容並蓄來形容泰國文化、設計創意，甚至多元族群的社會，我相信，大山音樂節絕對也能夠扛起這麼重的四個字。在森林裡聽音樂，本來就是療癒感爆炸，在森林裡面一口氣聽到這麼多類型的音樂，這是多麼奢侈的幸福啊！

入園手冊

贊助商的創意置入，這是大家喜愛的紀念品涼鼻吸劑

曼谷出發前往呵叻

呵叻是東北區最大府,原名稱為那空叻差是瑪(นครราชสีมา;Nakhon Ratchasima),搭巴士前往,車體會出現 Nakhon Ratchasima 這個字,而非呵叻。喜愛挑短音節發音的泰國人,當然就只稱呵叻。

從曼谷北部與東北部巴士總站出發,可選擇 Nakhonchai 21 巴士,每小時有一個班次,中途不停靠其他站點,標準車程三小時四十分鐘抵達呵叻巴士新站(สถานีขนส่งผู้โดยสารจังหวัดนครราชสีมา แห่งที่2;簡稱:บขส.ให),VIP 車種的費用 191 銖。上車之後,會有濃妝姐姐噓寒問暖,送上瓶裝水、點心、一條泰航等級的毛毯對抗強勁冷氣,車內提供免費 Wi-Fi,並有 USB 插口充電,椅子還有按摩模式槌槌背,舒服得很。

賓士車種的長途巴士

Nakhonchai 21 是舒服的長途巴士

呵叻在地交通

呵叻可使用 Grab 軟體叫車，從巴士站到 Terminal 21 購物中心，車費約 80 銖。從市區到披邁（พิมาย；Phimai）單程 600 銖，到彩象廟班麗寺（วัดบ้านไร่；Wat Ban Rai）則為 740 銖，每輛車可搭乘至三到四人。

呵叻巴士站

同場加映 · 順遊好去處

大山國家公園

還記得李奧納多主演的電影《海灘》（The Beach）嗎？當中有一段跳瀑布的畫面，只有敢往下跳的人，才能抵達傳說中的祕境沙灘（忘記了，或是沒看過的人，快上 Netflix 找來看，這部是我心中的驚悚片經典之一）。

經典瀑布場景，其實不在泰國南部的小島上，而是位於大山國家公園的 Haew Suwat Waterfall（น้ำตกเหวสุวัต）。國家公園佔地遼闊，橫跨包含四個府的森林面積，向東延伸到柬埔寨邊境。大山國家公園是泰國的第一個國家公園，更被聯合國教科文組織列為世界自然遺產。要探索大山，可以自駕前往，或是抵達巴沖後，參加當地的一日或二日遊。Klook 與 KKDay 等平台，也能找到從曼谷出發的國家公園一日遊，費用約 4,000 銖。

小吳哥城的原始模型
在泰東北呵叻

呵叻（原名：那空呵差是瑪）是個新舊並存的城市，方正舊城位於中央，被新城建築圍繞。呵叻府最大亮點，是離市區六十二公里的千年高棉遺址：披邁歷史公園（ปราสาทหินพิมาย；Phimai Historical Park）。

神廟與道路連成一直線，這裡是千年前的帝國大道起點

時間回溯至西元九世紀，隨著高棉帝國日漸強盛，疆域頂峰面積包括普吉島以北的中南半島區域。現今泰國境內保存五十八處高棉遺址，東北區就包辦四十五座，規模最大、歷史上最重要的兩座，分別是武里南府（บุรีรัมย์；Buriram）的帕儂藍歷史公園（อุทยานประวัติศาสตร์พนมรุ้ง；Phanom Rung Historical Park），以及披邁歷史公園，兩者皆已列入世界遺產暫定名單（UNESCO Tentative List）之列。十一世紀，高棉帝國修築高棉大道（Ancient Khmer Highway；The Dharmasala Route），方便北邊的城市跨越叢林山脈進入南邊的吳哥城，道路長達兩百多公里，散落十七個驛站、醫院與寺廟，筆直串連成線，這個起點正是「披邁」。

高棉風格小鎮與千年歷史高棉遺址：披邁歷史公園

歷史公園位於同名小鎮披邁縣城中央，小鎮繁榮且交通方便，適合安排半日遊走訪。城內瀰漫高棉意象，從仿紅砂岩建築的加油站與醫院，到披邁地方法院的含苞蓮花尖頂，甚至路燈、招牌都很不一樣，這是泰國人對高棉文化的想像。

披邁歷史公園又稱披邁石宮（ปราสาทหินพิมาย；Prasat Hin Phimai），興建於蘇利耶跋摩一世（Suriyavaraman I）在位的西元 1010 至 1050 年間，吳哥窟則由蘇利耶跋摩

呵叻舊城中央香火鼎盛的巾幗英雄 Thao Suranari 像

披邁石宮是泰國最重要的高棉遺址，被稱為小吳哥城的原始模型

二世（Suryavarman II）於 1113 年至 1150 年間建造；石宮建造硬是比吳哥城早一個世紀，因此被稱為小吳哥城的原始模型。石宮為長方型封閉建築，軸線從中貫穿，南北門位於中央軸線，東西兩邊的門則稍微偏北。有別於印度教寺廟面對正東方的設計；石宮中軸線對著東南方向，是因為要直準準的對著吳哥城。

走訪此處，可在呵叻新巴士站搭乘來往披邁的冷氣公車，每半小時一班車，發車時間從早上六點至傍晚六點，車程九十分鐘，車資 50 銖。從巴士站即可步行至歷史公園。

開放時間：07:00 ～ 18:00
門票：100 銖

宗教文化、傳統工藝與當代藝術的跨界結晶：彩象廟

彩象廟的原名叫做班麗寺，分成新、舊兩部分，彩象廟為新寺。舊寺原是龍婆坤大師住所，現今改建紀念博物館。寺院範圍散落大小佛殿，外圍有攤販、餐廳、紀念品店與巨大停車場，接納絡繹不絕的香客。寺廟的白象造型獨具匠心，兩千四百萬片馬賽克磁磚拼貼外牆絢麗奪目。壁畫浮雕集結佛教與印度教經典故事，被列為泰國當代藝術與傳統工藝結晶。踏進來，就忘記了時間，等到回過神來，已經兩小時過去，看來天界就是如此，讓人忘記時間流逝。

班麗寺位於呵叻府西北邊的 Dan Khun Thot（อำเภอด่านขุนทด）小鎮，距離市區七十二公里，可於舊巴士站（สถานีขนส่งผู้โดยสารจังหวัดนครราชสีมา แห่ง 1；簡稱：บขส เก่า）搭乘公車來到鎮上，車程九十分鐘。下車後再包 Tuk Tuk 車前往班麗寺，價格 300 銖起跳。

開放時間：07:00 ～ 18:00

瑰麗如同當代藝術結晶的彩象廟

大山音樂祭，呵叻五日遊

參加音樂節，也能將呵叻景點一起走訪。建議提早抵達呵叻，市區停留兩至三天，再從呵叻前往會場，車程約一個半小時，可巧妙錯開從曼谷出發的人潮，坐車也是會堵，但是時間花費相對較少。

第一日	曼谷出發前往呵叻 → 在購物中心 Terminal 21 Korat 享用午餐 → 市區酒店辦理入住 → 披邁歷史公園賞日落 → 呵叻夜市快炒街
第二日	酒店早餐 → 彩象廟 → 咖啡館 Yellow Pumpkin → 薩拉萊寺（วัดศาลาลอย；Wat Sala Loi）→ 逛購物中心 Central Plaza Nakhon Ratchasima
第三日	呵叻前往大山 → 大山音樂祭 → 住巴沖
第四日	大山音樂祭 → 住巴沖
第五日	從巴沖返回曼谷

呵叻日常街景

呵叻版本的 Terminal 21 購物中心

推薦住宿

　　巴沖與大山的住宿選擇多，巴沖住宿走經濟型路線，大多是青旅與泰式度假村。大山則是探索荷包深度的好地方，有許多歐風小鎮的特色酒店可供選擇。

巴沖住宿

Nannam Country Home Resort & Restaurant

　　森林系的住宿風格，度假村剛好在一條小河流經的小半島上，叢林鳥叫，綠意盎然，綠林中還藏了個小泳池。七種房型，從雙人小木屋到十人大別墅，平均下來的每人房價 700 銖

Star Hut 房型擁有可以看星星的透明屋頂

即可入住一晚，包含早餐。早餐在河邊緩坡上的餐廳享用，環境清幽。最妙的房型是位在二樓的 Star Hut，不只有陽台，三分之一的屋頂僅是透明玻璃，望著星星入眠是賣點，不過睡午覺要記得做好防曬。Nannam Country Home Resort 離巴沖車站五分鐘車程，距離音樂節會場約三十分鐘車程。

官方網頁：https://www.nannam.com/
官方臉書：NannamCountryHomeResort

巴沖你好旅舍（Hello Hostel Pakchong）

　　走路兩分鐘到火車站，散步五分鐘到巴士站，巴沖你好旅舍完全為了背包客而存在。白色系帶點工業風，簡單就是美。六人宿舍房型，一張床位 640 銖，四人房則是每人 700 銖，適合愛聽團的三五好友一起包下整間房，白天在音樂節裡面瘋狂，晚上回到學生宿舍睡覺，躺在床上也能繼續打屁聊天。青旅也有提供雙人房，1,400 銖包含簡單早餐。距離音樂節會場，同樣約三十分鐘車程。

官方網頁：
http://www.hellohostelpakchong.com/
官方臉書：hellohostelpakchong

考艾泰晤士河谷酒店打造了英倫小鎮

大山住宿

考艾泰晤士河谷酒店（Thames Valley Khao Yai）

　　不要懷疑你的眼睛，考艾泰晤士河谷酒店是山林裡的英倫小鎮，獨棟建築一排排人字形的屋頂、磚砌外牆，瀰漫優雅的貴族氣味，園區內有古堡餐廳，還有戶外泳池，美極了。既然是仿真造鎮，每間房就是一户人家，連基本房型空間，都比一般酒店來得大。總共十一種房型，基本房型 5,000 銖起跳，包含極豐盛的早餐。四人入住，可選擇泳池別墅房型，享受泰式混泰晤士的度假風情。考艾泰晤士河谷酒店距離大山音樂節會場約二十五分鐘車程。

官方網頁：http://www.thamesvalleykhaoyai.com/
官方臉書：ThamesValleyKhaoyaiHotel

呵叻住宿

呵叻弗羅特公寓式酒店（DeVLoft Hotel Korat）

　　如果你的呵叻行程是「上午往郊外跑，下午逛古城喝咖啡，傍晚走跳購物中心」的話，那麼呵叻弗羅特公寓式酒店最適合不過。位於巨型購物中心 The Mall Korat 正後方，提供高爾夫球車直送購物中心，車程兩分鐘。離呵叻 Terminal 21 車程五分鐘，Central Plaza Nakhon Ratchasima 則是十分鐘車程。雙人房包早餐每晚 862 銖，若不含早餐，價格更低。

官方網頁：http://www.devlofthotel.com/

呵叻市中心的優質公寓式酒店

泰國佛教文化

佈施、供僧與種福田

清晨五、六時的天光乍現，寺廟旁、早市、車站或人潮聚集處（例如清康老街、安帕瓦的河邊），我們總有機會見到僧侶化緣，赤著腳接受人們佈施（ตักบาตร）。信眾或蹲或跪，將米飯餐食放入缽中，僧人則以祈福經文，或是手作結緣品回饋之，這叫做供僧（ใส่บาตร）。在泰國佛教觀念中，信眾準備什麼食物，僧人就吃什麼，葷素不忌，而且過午不食。

佈施與供僧文化

由於都市人（或旅人）擠不出時間準備餐食，奉獻僧人的食物也有泡麵、麵包或罐裝飲料，這種不太健康的東西出現。與其如此，不如由專人準備，讓僧人吃的健康些。所以在僧侶固定出現的地方，會有販售供品的攤家，信眾在這攤買食物，再走到旁邊佈施，信仰與商業行為共生，這是泰國日常。不只是泰國，相鄰的寮國、緬甸與柬埔寨，印度洋上的斯里蘭卡，這五個全國百分之九十五人口都信仰上座部佛教的國家，有著近似的供僧文化。也許對某些人來說，「供僧」是捐助一筆錢給佛教機構或是大師級的佛教領袖，有著長期供養的意思。但是對大部分的泰國人來說，供僧是再簡單不過的小事，將手中糯米飯放入僧人缽中，即使糯米飯的成本只有5銖，這就是供僧啊！

供僧文化如此盛行，與上座部佛教的教義息息相關有關。佛教有兩大教派，大乘佛教（Mahayana；又稱北傳佛教）與上座部佛教（Theravada；也稱南傳佛教，也有人稱小乘，但這是貶稱，千萬別說出口）。兩個教派從零到有的歷史，請容我跳過，我們直接聊重點，兩者差別在哪裡？

人生要不斷的種福田

大乘佛教強調人要修行成菩薩，才有機會在來世普渡眾生。上座部佛教強調人人要渡自己，方可脫離輪迴。大乘佛教把教義說的很虛無，信眾當然也知道自己不可能變成第二個達賴喇嘛或是行走菩薩，相較之下，上座部佛教就很直接。泰國人相信，人生在世要不斷的種福田（ทำบุญ），不論

是扶老太太過馬路、將路邊的流浪貓狗帶回家養、寺廟佈施、清晨供僧，甚至衍生為助人常樂、不起壞念頭、常微笑等等，都是各式各樣的種福田方式。渡自己與種福田，從生活做起，這也是為何這五個信仰上座部佛教的國家，人們特愛微笑，犯罪率也奇低無比。

我們從小就知道「施比受更有福」的道理，但是你一天到底「施」幾次呢？來泰國，若有機會參加供僧體驗，請給自己一個從大清早就「施」的機會，簡單的幾個動作，換來一整天的幸福感。

泰國大眾運輸的搭乘建議與說明

＊不含空鐵 BTS 與地鐵 MRT

大眾運輸	搭乘建議、說明
飛機 เครื่องบิน	也許是因為尚未興建高速鐵路的關係，泰國國內航空運輸需求量相當大，超過一半的府城擁有機場，有著固定航班營運。目前總共七家航空公司經營國內線，其中以泰國亞洲航空（Thai AirAsia）與皇雀航空（Nok Air）的航點遍佈綿密，航班密集，票價相對佛心。 搭乘國內線，若沒有托運行李，我都事先在網路辦理自助報到，並收到網路版的登機證。在班機起飛前的四十五分鐘抵達機場，秀出護照與手機中的登機證，就可以直接通過隨身行李 X 光機，到候機室準備登機。在泰國搭國內線，是非常方便的。
鐵路 รถไฟ	泰國鐵路為舊式的單軌雙向，列車時常停車等待，速度也不快，誤點就成常態。在泰國搭乘火車旅行的交通時間，會比搭乘巴士來得更久。 然而，旅行不就是為了「體驗」？ 車廂內可隨意走動，可有機會與在地人閒聊。列車每次停靠大車站，還會有小販上車叫賣，搭火車絕不會讓人餓到肚子。長程路線有臥鋪車廂，以曼谷─清邁線的全新臥鋪列車最舒適，約千銖價格換來搖晃的十二小時列車體驗，這比搭飛機去清邁，更值得拿來跟朋友分享了，對吧！

大眾運輸	搭乘建議、說明
巴士 รถเมล์	泰國固定路線的巴士公車，是人口數夠多的城市才有的便民福利；大曼谷區域的人口高達九百萬，是泰國第一個有公車營運的城市。2018 年清邁為了改變城市的交通模式，引入 RTC 巴士服務，營運一年後廣受各界好評（尤其是觀光客），讓路線網不斷擴充，清邁是泰國第二個擁有公車營運的城市。 曼谷與清邁搭公車，推薦下載 Via Bus 這個超實用的 APP，介面人性化，要搭幾號公車、還剩幾站才抵達目的地，都是一目瞭然。
長途巴士 รถบัส	這本書當中，長途巴士公司我只推薦兩家，Nakhonchai Air 與 Transport Co. Ltd，它們不只名聲響亮、車體穩、搭乘舒適、服務好，最重要的一點，是巴士都直達終點站，而不是站站都停。我曾經不懂事，沒有事先買好車票，到車站才發現這兩家公司的車票都賣完了，才不得已改買其他名字完全沒聽過的巴士公司。 結果是什麼？就是站站停。每經過一個府，巴士就繞進巴士總站等待載客，每個站停留半小時，多停四個站就多兩小時的額外車程。
小型巴士 รถตู้	小型巴士是我們俗稱的麵包車或廂型車，在泰國稱為 Mini Van，是最因地制宜的交通模式，每個府、城，到小鄉鎮都能見到。班次多、速度快，Mini Van 對在地人的日常接駁相當方便。但對於帶著大件行李移動的旅人來說，就會有些麻煩。沒關係！司機一定會找地方幫你塞行李，如果真的太大，司機會把行李放在座位上，然後跟你多收一個座位的錢，也是變通的方法。
計程車 รถแท็กซี่	曼谷計程車司機不跳錶收費、漫天喊價，看心情決定要不要載客，或是有繞遠路的臭名遠播。不只是對觀光客如此，連對泰國人也是一貫的惡劣態度。 分享幾點小建議。通常在夜市、夜店前等待的司機，大多是擺明不跳錶的。建議往前或往後走個五到十分鐘，有機會攔到願意跳錶的計程車。
雙條車 รถสองแถว	在沒有固定巴士路線營運的城市，雙條車是代替公車的重要角色，在大曼谷的外圍，清邁、華欣、普吉鎮，甚至這本書裡提到的每個府城，都有雙條車在路上跑，只是樣式與大小有差異罷了。搭乘雙條車真的很接地氣，建議在搭乘之前，先與入住酒店的服務人員打探訊息，包含行駛路線與價格。

大眾運輸	搭乘建議、說明
嘟嘟車 รถตุ๊กตุ๊ก	曼谷嘟嘟車沒有公定價碼，舊城區周邊、Nana 巷子裡，火車夜市外，還是暹羅百麗宮前面出發的嘟嘟車，開出的價格都不同，所以搭嘟嘟車也是看人品。 特別要注意的一點，喊價時要兩方都同意價格，且一定要跟司機再次確認是單人價格，還是整台車的費用。假如司機的意思是一人 100 銖，但是你跟朋友三人卻以為是一車 100 銖，這樣就誤會大了。
摩托計程車 รถมอเตอร์ไซค์	摩托計程車是短距離接駁，穿梭巷弄與車陣之間的貼心好幫手，費用大多落在 20 到 50 銖之間。摩托計程車與嘟嘟車的差別在於，摩托計程車是有公定價的，但如果是特製路線，還是會回歸到喊價的局面，一樣是兩方決定之後再上車。
Grab	我是 Grab 鐵粉，基本上能搭 Grab 的地方，我就不會攔計程車，因為連我這個會講泰文的人，都覺得跟計程車司機好難溝通（控制）。 Grab 的使用簡單明瞭，只要選取上車地點，填入目的地，系統立刻算出價格，並可選擇現金或信用卡交易。司機照著 Google Map 的規劃路線開車，將乘客送往目的地。最後，還能在系統給予司機評價或小費。搭 Grab 也可以累積點數，來換取折價券。也因此，Grab 的價格比計程車來得高，但是我錢花得心甘情願。
昭披耶河交通船 เรือด่วนเจ้าพระยา	曼谷的歷史遺產，都位於昭披耶河兩岸，利用昭披耶河交通船接駁，可輕鬆走訪天使之城的文化資產。交通船的中央碼頭 Sathorn Pier 與空鐵 BTS Saphan Taksin 站相連，搭乘空鐵來到中央碼頭後，有四種不同旗幟的船隻能夠選擇，以便前往昭披耶河沿岸目的地。回程則相反，每艘船都會回到中央碼頭停靠，相當簡單。
空盛桑運河交通船 เรือโดยสารคลองแสนแสบ	這是從暹羅商圈進入舊城區最快的交通方式，沒有之一，即使 2019 年中的舊城區 MRT 開通後，速度還是沒有搭乘交通船來得快。 曼谷市區的空鐵 BTS 與地鐵 MRT 為南北縱向，空盛桑運河剛好以東西向貫穿曼谷，總共四個碼頭與捷運線交集，四個碼頭之中，與捷運線銜接最完美，就屬 Asok 碼頭，與 MRT Phetchaburi 站出口相連。

作　　　　者	王武晨	Wallace Wang
責 任 編 輯	蔡穎如	Ruru Tsai, Senior Editor
封 面 設 計	走路花工作室	aruku hana workshop
內 頁 設 計	林詩婷	Amanda Lin
行 銷 企 劃	辛政遠	Ken Hsin, Marketing Executive
	楊惠潔	Gaga Yang, Marketing Executive
總 編 輯	姚蜀芸	Amy Yau, Managing Editor
副 社 長	黃錫鉉	Caesar Huang, Deputy President
總 經 理	吳濱伶	Stevie Wu, Managing Director
首 席 執 行 長	何飛鵬	Fei-Peng Ho, CEO

出　　　　版　創意市集

發　　　　行　英屬蓋曼群島商家庭傳媒股份有限公司城邦分公司
Distributed by Home Media Group Limited Cite Branch

地　　　　址　104 臺北市民生東路二段 141 號 7 樓
7F No. 141 Sec. 2 Minsheng E. Rd. Taipei 104 Taiwan

讀者服務專線　0800-020-299 周一至周五 09:30 ～ 12:00、13:30 ～ 18:00
讀者服務傳真　(02)2517-0999、(02)2517-9666
E - m a i l　創意市集 ifbook@hmg.com.tw
城 邦 書 店　城邦讀書花園 www.cite.com.tw
地　　　　址　104 臺北市民生東路二段 141 號 7 樓
電　　　　話　(02) 2500-1919　營業時間：09:00 ～ 18:30

I S B N　978-957-9199-42-1
版　　　　次　2019 年 4 月初版
定　　　　價　新台幣 380 元／港幣 127 元

製 版 印 刷　凱林彩印股份有限公司

◎本書刊載的交通費用、住宿費用和介紹的旅館、餐廳等資訊、設施，
　均取自作者採訪當下內容；實際情況依當地提供資訊為準。

◎書籍外觀若有破損、缺頁、裝訂錯誤等不完整現象，想要換書、退書
　或有大量購書需求等，請洽讀者服務專線。

國家圖書館預行編目 (CIP) 資料

去泰國玩節慶：文化體驗 x 交通指引 x 食宿旅規劃，
微笑國度一年 12 個月都有主題慶典可以玩 ／ 王武晨著 .--
初版 .-- 臺北市：創意市集出版 ：
家庭傳媒城邦分公司發行，2019.04
面；　　公分

ISBN 978-957-9199-42-1（平裝）
1. 旅遊 2. 藝文活動 3. 泰國

738.29　　　　　　　　　　　　　108000068

香港發行所　城邦（香港）出版集團有限公司
香港灣仔駱克道 193 號東超商業中心 1 樓
電話： (852) 2508-6231
傳真： (852) 2578-9337
信箱： hkcite@biznetvigator.com

馬新發行所　城邦（馬新）出版集團
41, Jalan Radin Anum,Bandar Baru Seri Petaling,
57000 Kuala Lumpur,Malaysia.
電話： (603)9057-8822
傳真： (603) 9057-6622
信箱： cite@cite.com.my

去泰國玩節慶

文化體驗×交通指引×食宿旅規劃，
微笑國度一年12個月都有主題慶典可以玩！